祈りの碑（いしぶみ）

『きけわだつみのこえ』

~会津の学徒兵　長谷川信の生涯~

長島雄一

歴史春秋社

信については、親族内で様々なことを継承してまいりました。この度、信の一生や記録がまとめられ刊行されることを大変うれしく思っております。遺族として、信の生涯を今後も大切に伝え続けようという思いが、いっそう強くなりました。刊行にあたり心から御礼を申し上げます。

長谷川　聡

まえがき

約30年前、私は岩波文庫『きけわだつみのこえ―日本戦没学生の手記―(旧版)』(1982)を古本屋から百円で買い、その晩から若くして死んだ学徒たちの遺稿をむさぼるようにして読みました。涙で前になかなか進まず、心に響いた部分に付けた付箋が何枚も重なり合うなど、読み通すのに幾日もかかったことを鮮明に覚えています。死の間際に表出された若者たちの言葉に深い感銘を受けました。

これらの遺稿は心を揺さぶるものばかりでしたが、中でも印象的だったのは、上原良司の「遺書」と「所感」、佐々木八郎、田辺利宏、中村徳郎、木村久夫、そして本書で取り上げる長谷川信（はせがわしん）の遺稿でした。信が会津若松市出身ということもありましたが、何より最後の「人類よ、猿の親類よ」で終わるメッセージ性の強い文章、人間の獣性批判という点に厳粛な衝撃を受けたからです。しかし、この時私は、恥ずかしながら長谷川信という人物が、私の母校である福島県立喜多方高等学校(当時の県立喜多方中学校)の先輩であることを全く知りませんでした。この本の最後に載っている略歴から、会津若松市出身の特攻兵で昭和20(1945)年に沖縄南方(正しくは与那国島北方)の上空で戦死した学徒兵ということしかわかっていなかったのです。

私は、福島県内の高等学校で日本史を中心に教えてきました。『きけわだつみのこえ』(以下、『わだつみ』）との出会いの後、会津の歴史を調べていく中で、ふと開いた『喜多方高等学校七十年史』の中に、信と猪苗代湖畔に建つ石碑の写真、そして『わだつみ』に収録された遺稿を見つけ、初めて信が母校の先輩であることを知りました。この時から私は、長谷川信とはどんな人物だったのかを考えるようになりました。そして何としても信の『日記』の全文を読んでみたいという強い思いが生まれました。

その後、平成26（2014）年に母校に赴任する機会を得て、数年をかけた〝長谷川信を知る旅〟を本格的に始めました。会津若松・喜多方・猪苗代・東京・京都・群馬県館林・長野県松本などに彼の足跡を追いました。それは驚きの連続であり、その過程で私は、彼の一生を『日記』を含めて一冊の本として世の中に上梓し、知っていただき、後世に伝えるべきである、という使命感のような思いを持つようになっていきました。戦後75年が経った今、あらためて現代に問うべき人生・人間であり、現代に書き残しておくべき記録であると感じたのです。特に地元会津の方々に知っていただきたいと思いました。それがこの本を書いた大きな目的の一つです。

日記・書簡などの原資料の発掘と復元、関係する現地の探索や同級生への取材、関係者との意見交換、そしてまた新たな発見など紆余曲折があり、信の実像に近づくのはなかなか容易ではなく時間がかかりました。しかしながら不十分な形ではありますが、今ようやく一応の区切りをつけることができたと思っています。

後述するように大きな資料的限界があり、すべてではありませんが『わだつみ』には掲載されていなかった信の遺稿が、戦後75年を経て、他の新資料と共に日の目を見ます。それだけでも価値があると思っています。短くも誠実に、矛盾を抱えながらも自ら考えて生きることの大切さを信の生涯から知っていただきたいと思います。そして、信の人生を過去の話として受け止めることなく、現在、そして未来への警鐘として心に刻んでいただければと思います。信の遺稿には難解な部分も多いのですが、特に若い世代の皆さんに読んでいただければ大変ありがたいと考えています。

本の構成としては、まず入営後の『日記』などが書かれた前段として、彼の生い立ちから書き起こしました。彼を取り巻く環境や歴史がどうであったかを明らかにした上で『日記』を読んでいただくこととしました。遺稿は単体で読まれるべきではなく、その時代や個人史を前置き・背景として踏まえてこそ、より理解が深まると考えたからです。

最後に、一人でも多くの方に本書を読んでいただければありがたいと思います。そして信をはじめとした兵士の鎮魂にとどまらず、二度と悲惨な戦争を起こしてはならないという不戦の誓いを新たにしていただければ望外の幸せです。

２０２０年10月８日

筆者

=目　次=

祈りの碑（いしぶみ）

『きけわだつみのこえ』

～会津の学徒兵　長谷川信の生涯～

第1章　長谷川信について

日本戦没学生手記編集委員会が編集し、昭和24（1949）年に東京大学協同組合出版部から初版が発行された『きけわだつみのこえ―日本戦没学生の手記―』は、学徒出陣などで死んでいった学生たちの最後の遺稿を収録した貴重な記録であり、大きな反響を呼び二百万部を越えるロングセラーとなって今に続いている。学徒兵の深い悲しみと苦悩を湛えたこの本は、『アンネの日記』やフランクルの『夜と霧』などと同様、世界の記憶遺産と言ってもよい書物であり、戦後の平和運動の拠り所のような存在ともなった。この中に長谷川信の日記の一部は収められている。福島県から唯一、この本に掲載された人物である。

信の生い立ちから最期については後に詳述するが、ここで大まかに述べておこう。信は大正11（1922）年4月12日、会津若松市の菓子商の家に生まれ、会津中学校から同志社大学に進学するが、1年の時に中退。翌年、喜多方中学校の5年に編入学。1年後、明治学院に進学する。2年時の秋に学徒出陣となり、昭和18（1943）年12月に陸軍に入隊。神奈川県と群馬県館林で訓練を受け、昭和19（1944）年の夏に満州へ渡り訓練。翌昭和20（1945）年2月に特攻隊「武揚隊（ぶようたい）」に編成され、奇しくも誕生日と同じ4月12日に与那国島北方上空で撃墜され、戦死している。享年23。戦後、親元に送られてきていた『日記』を友人が読み、『日記』（の一部？）を『わだつみ』編集者に送り、信の遺稿が同書に掲載されることになったのである。

信については、既に『喜多方高等学校六十年史』（1978）、『同七十年史』（1988）、『同八十年史』（1999）で触れられ、平成31（2019）年刊行の『櫻壇の風　福島県立喜多方高等学校創立百周年記念誌』では、私が『わだつみ』に収録された個所以外の部分も含めた『日記』を可能な限り明らかにして掲載したところである。また同校の生徒会誌『桜壇』にも短い小説のような形で触れられてきた経緯がある（2001）。

喜多方中学校卒業後に進んだ明治学院の『明治学院百年史』（1978）（以下、『百年史』）は、異例なことではあるが、信一人に30ページ以上を割いてその生涯や精神的な遍歴などを詳しく記録するなど委曲を尽くしており、同書は信を語る時に欠かせない最も優れた重要な文献となっている。明治学院の名誉総裁井深梶之助（会津出身）の生涯を描いた『井深梶之助伝　明治学院を興した会津の少年武士』（2013）も、『百年史』を引用して信の生涯に簡単に触れている。

同学院から刊行された『未来への記憶　こくはく』（1995）などの書籍にも、信は度々登場している。明治学院の歴史にとって信は欠くことのできない重要な人物となっている。

さらに、会津高等学校から刊行された『会津高等学校百年史』（1991）、『学而会雑誌』（1937・38・39）、『学而新聞』（1990）、端艇部創部百周年記念誌『一艇一心』（2001）にも青春を燃やした信と学友たちとの交流が描かれている。加えて、特攻隊に関する多くの文献に『わだつみ』の信の遺稿は引用されているし（大島：1985　白井：2002　保阪：2007他）、地元の郷土誌やわだつみのこえ記念館の紀要などでも取り上げられてきている（1999・2013）。また平成14（2002）年には、長谷川家の菩提寺である会津若松市の西蓮寺（真宗大谷派）に「兵戈無用」碑が建設されるなど、彼を顕彰する動きも見られた。

最近の動きとしては、信が満州で飛行訓練を受けた後、信州松本の浅間温泉で東京から疎開してきた児童たちと触れ合った様子や出撃前の動きが作家きむらけん氏の精力的な調査によって明らかにされた（2012・14・17・19など）。その成果に基づいて、松本市立博物館では平成25（2013）年に「戦争と平和展」が開催された。さらに朝日新聞は、平成28（2016）年7月7日付で編集委員の駒野剛氏が「悲劇の石碑　涙の祈りを忘れない」のタイトルで、信のエピソードを使いながら戦前の国家体制の不健全さを指摘するコラムを掲載した。そして

ザ・コラム
The column

駒野 剛
（編集委員）

悲劇の石碑　涙の祈りを忘れない

福島県猪苗代湖の北西、戸ノ口。幕末、会津藩と新政府軍の激戦地になった一角に、字を刻んだ小さな石碑が立っている。

「俺は結局　凡々と生き　凡々と死ぬ事だろう　だが　たった一つ出来る　涙を流して祈る事だ　それが国泰かれか　親安かれか知らない　祈ることなのだ」

これをしるした学徒兵、長谷川信の人生は、凡々とは終わらなかった。

1922（大正11）年、会津若松の老舗菓子商の家に生まれ、東京・白金のプロテスタント校の明治学院高等学部厚生科に入学する。学業とセツルメント活動に励んだが、国家は大学生らの徴兵猶予を停止し、戦場に送った。「学徒出陣」である。

信も陸軍に入隊、軍用機ごと敵の艦船などに突っ込む特別攻撃隊員になり、1945（昭和20）年4月12日、台湾に向かう途中、与那国島沖で米軍機と遭遇。その場で戦死した。くしくも23歳の誕生日だった。

彼の残した言葉は、戦没学生の手記「きけわだつみのこえ」にも採用された。

「今次の戦争には、もはや正義云々の問題はなく、ただただ民族間の憎悪の爆発あるのみだ。敵対し合う民族は各々その滅亡まで戦を止めることはないであろう。恐しき哉、浅ましき哉　人間よ、猿の親類よ」（新版「きけわだつみのこえ」〈岩波文庫〉）。戦争を憎悪し、軍隊を嫌悪した。

こんな記載も残る。「過去において身につけた筈のインテレクト（知性）は一体どこに影をひそめてしまったのであろうか。そこにあるものは喧噪と食べ物の話のみ」

◇

母校明治学院大学は、疾風怒濤の歴史の中で悲劇として終わった信の人生を綿密に調べ、「百年史」のほぼ1章分を費やして記録した。ひとりの学生の評伝を、学校史に掲載するのは極めて異例のことだろう。

「長谷川信ひとりの悲劇ではなく、学院に学び、そして戦場に臨み、死をよぎなくされたすべての者に共通の悲劇であった。この悲劇を二度と繰り返すべきではないことはいうまでもない。と同時に、この悲劇を抜きにして明治学院百年史を論ずることはできないのである」。百年史は述べる。

明治学院で反戦、平和が唱えられるのは、キリスト教系の学校ということだけではない。創設者ヘボンに次いで総理（現学院長）となる井深梶之助は、信と同じ会津若松出身で、14歳で会津戦争を経験する。

男性だけでなく、老人、少年、女性も最前線で新政府軍に立ち向かった総力戦だった。出陣した梶之助も藩主の小姓に召し出され、藩の崩壊を目の当たりにした。

親戚の犠牲も多く、母の実家では一族が足手まといになるまい、と集団自決した。それだけ命の大切さが身にしみていた。

梶之助が怒りを爆発させたことがある。

「明治」が終わりを告げた時、乃木希典大将が妻と自決し、天皇に殉じた。

日記に「大ナル心得違ナリ。其ノ不健全ナル思想ノ現表ナリ」と書き、学生には「基督教倫理ノ立場ヨリ判断スレバソノ非ナルコト勿論ナレトモ真ノ武士道ヨリ見テモ心得違ト云フベキナリ」と全否定した。

信の評伝づくりに当たった元学院長の久世了さんは「天皇のためなら死ぬのが当然という殉死の思想に潜む危険性を心底嫌ったのでしょう」と話す。

万世一系の天皇を中心に据え、欧米に追いつき追い越すための富国強兵をしゃにむに進める国家レジームを追求した果て、無謀な戦争で滅びた敗戦までの日本。

国家レジームの最初の犠牲者は会津だった。その理不尽さを痛感する梶之助は、天皇制国家のためなら、国民に死をも求めるレジームの不健全さを見抜いたのだろう。

梶之助の死の5年後、信は亡くなる。特攻兵は「大君の醜の御楯」と呼ばれた。

◇

10日に投開票される参院選は、平和憲法に象徴される戦後レジームを、維持するか変えるか、大きな節目になろう。しかし国論を二分させた集団的自衛権容認は、目立った争点にならず与党は改憲に触れようとしない。果たしてそれで良いのか。

会津若松の長谷川家の菩提寺西蓮寺に「兵戈無用」の碑がある。悲劇を忘れぬため02年に前住職の故秋月亨観さんが建立した。大無量寿経にある恒久平和を祈る言葉だ。信が涙した祈りを忘れてはならない。

◆ザ・コラムは毎週木曜日に掲載します。

朝日新聞　駒野氏の記事（平成28年7月7日付）

平成29（2017）年11月に喜多方市で同氏による講演会も行われている。

ここまで信に関する動きを簡単に見てきたが、共通して言えることは、こうした研究が、皆『わだつみ』に掲載された遺稿のみを基になされてきているという点である。

私は、『わだつみ』およびそれ以降の研究は、誠に尊く戦史研究の一角を占める大きな役割を果たしてきたと考えている。しかし、信の研究史を紐解き足跡を尋ねる中で、私が大きな問題と感じたのは、いずれも信の残した日記などの原資料＝1次資料（私たちの目に触れる）が極めて少ないという点である。歴史学では言うまでもなく、例えば作者の日記そのもの、つまり現物資料＝原資料（1次資料・史料）を渉猟し、正確に用いることは常識であり、しかも最も基本的なことである。これがなされないまま研究を重ねるのは危険であり、時に誤解や誤った方向性を生み、強いて言えば研究それ自体が砂上の楼閣となる可能性がある。

私は歴史研究の原点に返り、根本となる1次資料を「発掘」することから始めた。そうでなければ信の実像に近づくことは不可能と考えたからである。基本は「現物・現場主義」である。

調査の結果、御遺族の元にはまだ信関連の写真などが残されていることがわかった。また、東京のわだつみのこえ記念館には『わだつみ』の基となった『日記』の謄写稿や直筆の『操縦正手簿』『修養録』が保管されており、その他、書簡・葉書などがあることも確認することができた。これら記念館所蔵の資料の一部は、信の御遺族から記念館に寄贈されたものであり、本書を執筆するにあたりすべて解読した。

資料の中で最も重要なものは、『わだつみ』の基となった謄写稿（ガリ版刷り）と『修養録』である。

『修養録』は、館林教育隊時代のもので、前半が日々の飛行訓練の記録、後半が修養の様子を書いたものであるが、上官の検閲を受けるにも関わらず、各所に信の本心や心情を吐露する記述があって、本人や当時の軍隊・時代を理解する上で不可欠である。後述するが『わだつみ』掲載の遺稿の基となった『日記』そのものは、残念ながら現在も行方不明である。この『日記』

を「第一の日記」とするならば、『修養録』は「第二の日記」として位置づけられるものであって、この2つを併わせ読むことによって信をより深く知ることができる。

さらに、これまでの調査を通して『わだつみ』に掲載されているのは、信の『日記』の一部を謄写稿とした中の、さらにまたその一部であることも確認することができた。『わだつみ』に掲載された部分は、判明している『日記』全体の約2割。率直に考えれば、部分削除を含めて編集された『わだつみ』だけで信を理解することは困難である。

本書では、第2章で『百年史』以降、現在まで蓄積されてきた新資料を加えながら信の生涯について記述し、第3章において、わだつみのこえ記念館に残されている謄写稿（『週刊現代』記事を含む。これについては後述する）、『修養録』の2つを全文掲載することとしたい。

なお、信の生涯及び精神的な遍歴については『百年史』の研究・記述に拠るところが非常に大きい。よって同書から長い引用を行うなどして読者の理解を助けたことを、前もって特記しておきたい。この点、多くの引用を快くお許しくださった執筆者である明治学院の元学院長の故久世了先生や明治学院・明治学院歴史資料館に対して衷心より厚く御礼申し上げたい。

第2章　長谷川信の生涯

1　誕生から小学校時代

本章では、『百年史』をベースとし、刊行後に新たに蓄積された資料も加えて長谷川信の生涯を記述していきたい。

信は、大正11（1922）年4月12日、福島県会津若松市に生まれた。生家は宝暦4（1754）年から城下町の一角、上一之町と本六日町の交差する南西角で営まれてきた菓子商「小国屋（おぐにや）」である。

小国屋は藩政時代、暖簾に「京都御菓子」と記し、会津

明治期の小国屋

藩の御用達となることが許されて、時々、若松城の御台所に出向き、御用があれば菓子を金の高蒔絵の挟箱に入れて献納した由緒ある家柄である。藩の御用の多くが、建福寺、（法華）浄光寺、願成就寺など藩主の香華院、各神社での祈祷の際に供せられる菓子であった。嘉永５（１８５２）年の城下商家ランキングを示した五幅対にも店名が記されている。

父の敬治は、商工会の役員や市会議員、会津中学校後援会の在郷評議員などを務めた。また長谷川家の菩提寺である真宗の西蓮寺（さいれんじ）（市内七日町）の檀家総代となるなど町の有力者であった。西蓮寺には、敬治が大正14（１９２５）年に建てた長谷川家の大きな霊碑がある。

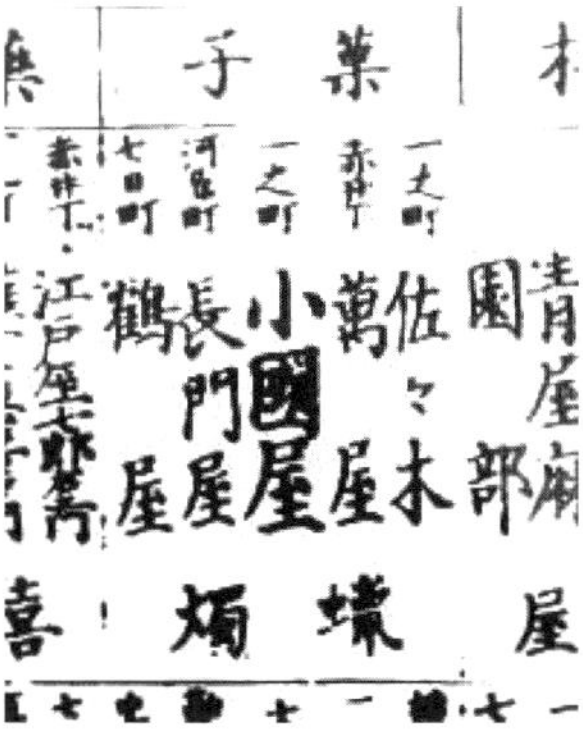

敬治は、入婿として小国屋の娘ヨネと結婚し、力、佑、レイらをもうけたが、大正８（１９１９）年に妻を失い、翌年、後妻としてシゲを迎え、彼女との間に三男二女をもうけた。信はその長子であった。

五幅対掲載の小国屋
（五幅対より部分、会津若松市立会津図書館所蔵）

信は、昭和４（１９２９）年、小学校に入学、母親ゆずりのがっちりした体格の利発な少年として成長した。小学校時代のエピソードがある。信は幼少時の体格も良く、小学校６年時には「桃太郎」（健康優良児選考名）の会津代表にもなった程であった。また会津若

長谷川家家系図

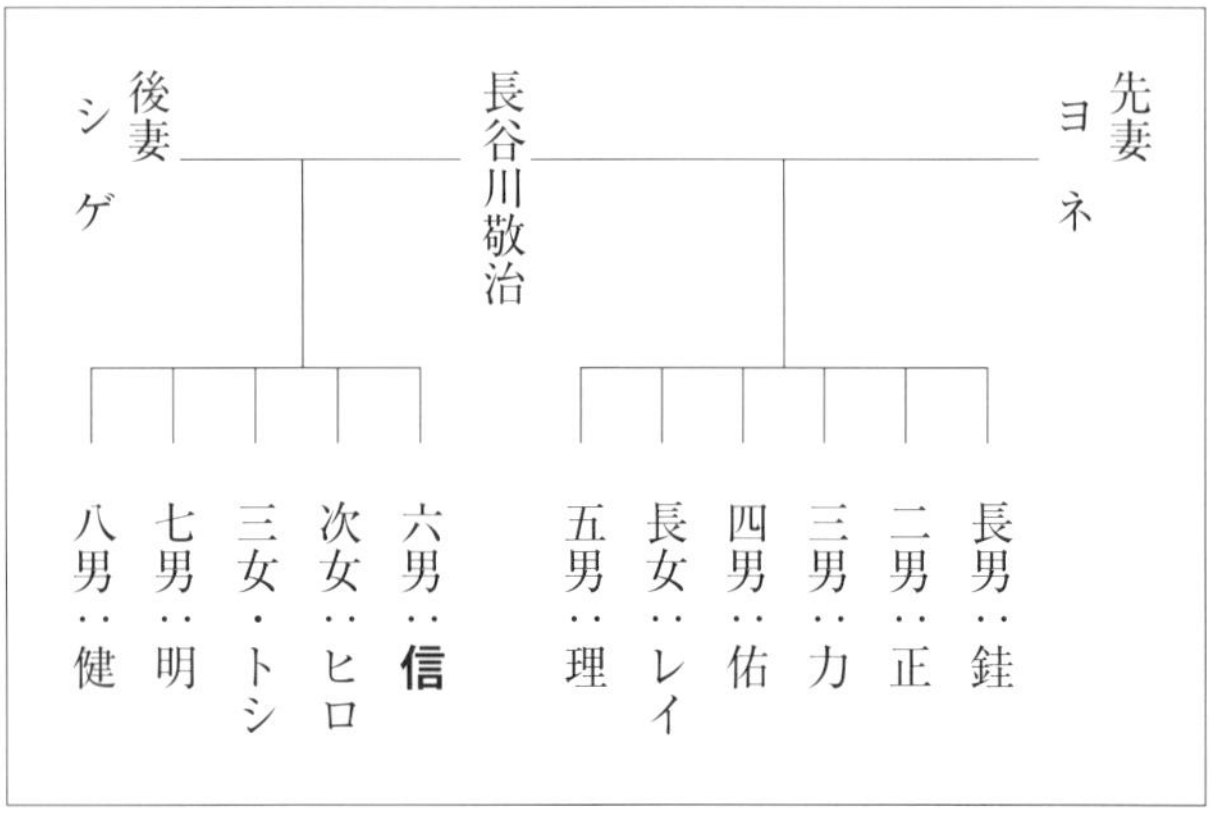

先妻 ヨネ
長谷川敬治
後妻 シゲ

（先妻ヨネとの子）
長男：銈
二男：正
三男：力
四男：佑
長女：レイ
五男：理

（後妻シゲとの子）
六男：**信**
次女：ヒロ
三女・トシ
七男：明
八男：健

殿様役に選ばれた信（左）

松市では、年に一度の祭りに昔を偲ぶ大名行列が町を練り歩くのが呼び物になっていた。その行列の殿様役には、その年の小学校6年生の中から特に選ばれた一人が扮することが決まっており、この大役の栄をになった少年は、たちまち全市にその名が知られる名士に加えられるのであった。この殿様役に信は選ばれている。写真はその時のもので、長谷川家に所蔵されていたものである。写真の裏には「小六　信ちゃん」と記されている。母シゲの筆であろう。

2　会津中学校時代

さらに『百年史』をベースに足跡をたどってみよう。
信が会津地方の名門、俊英集う会津中学校に極めて優秀な成績で入学したのは、昭和10（1935）年4月、すぐに級長に選ばれている。在学中の成績も抜群であり、同級生によれば3年生まで学年中4番を下回ることはなかった。『百年史』には次の記述がある。

「腹違いの兄佑の影響を強く受けて、彼はこの頃からひじょうな読書好きになった。佑は、会津中学から水戸高校を経て東大経済学部を昭和十二年春に卒業、会社員となって関西に移っていたが、小さい時から信を可愛いがり、信もまたこの兄を敬慕していた。家に残されていた佑が高校・大学時代に読んだ思想書、文学書、専門書などを信は早くから懸命に理解しようと努力した。中学生の信にとってそれらは難解であったが、敬慕する兄の歩んだ道を信自身も歩もうとしていた。その意味では水戸高等学校進学は信の夢であったが、何よりも信は兄の書物のお蔭で、人間の生き方について深く思索することを身につけていった」（『百年史』P389～390）。

信は、1・2年時は柔道部、3年からは端艇部（ボート部）に入って活動した。当時、猪苗代湖北方の湖畔にあたる戸ノ口の地には、会津中学校のボート小屋があった。5～9月、毎週土曜日になると、授業を終えた信ら部員たちは、会津若松市から滝沢街道を通り、約20㎞を歩いて戸ノ口に通い、土日を練習に充てた。土曜午後の練習後、その晩は小屋に泊まり、翌日も再び若いエネルギーを燃焼させて、夜には帰宅するというのが慣例であった。信は周囲の者たちから「猪苗代湖のヌシ」と呼ばれ、ボートを通じて身体を鍛えると

会津中学校時代の信（前列右端和服姿）。前列左端和服姿が広木仙也（明治学院歴史資料館提供）

同時に、顧問として指導に当たった小林貞治先生（英語担当）の下、多くの友人たちと固い友情、精神的な結びつきを得るようになったのである。

信は、子どもたちとも交流したらしく、当時、地元の小学生だった鈴木秀雄氏は信について「子供思いのやさしい人だったことを今でもはっきりと覚えております。水泳も上手で、高い十六橋から飛び込んで見せてくれました。そして入った瞬間、魚をとってきて皆をびっくりさせました。柔道も強く、私たちを相手に時々、稽古をつけてくれました」と記している（『学而新聞』第１７８号）。柔道については、１・２年時に所属した柔道部での成果を発揮させたのであろう。

現在、戸ノ口の地に信の足跡をいくつも見い出すことができる。このうち戦後の昭和23（１９４８）年５月に、両親らによって建てられた石碑については後述する。20ページは、戸ノ口周辺の信に関係する地図である。

会津中学校時代の信（前列右端和服姿／明治学院歴史資料館提供）

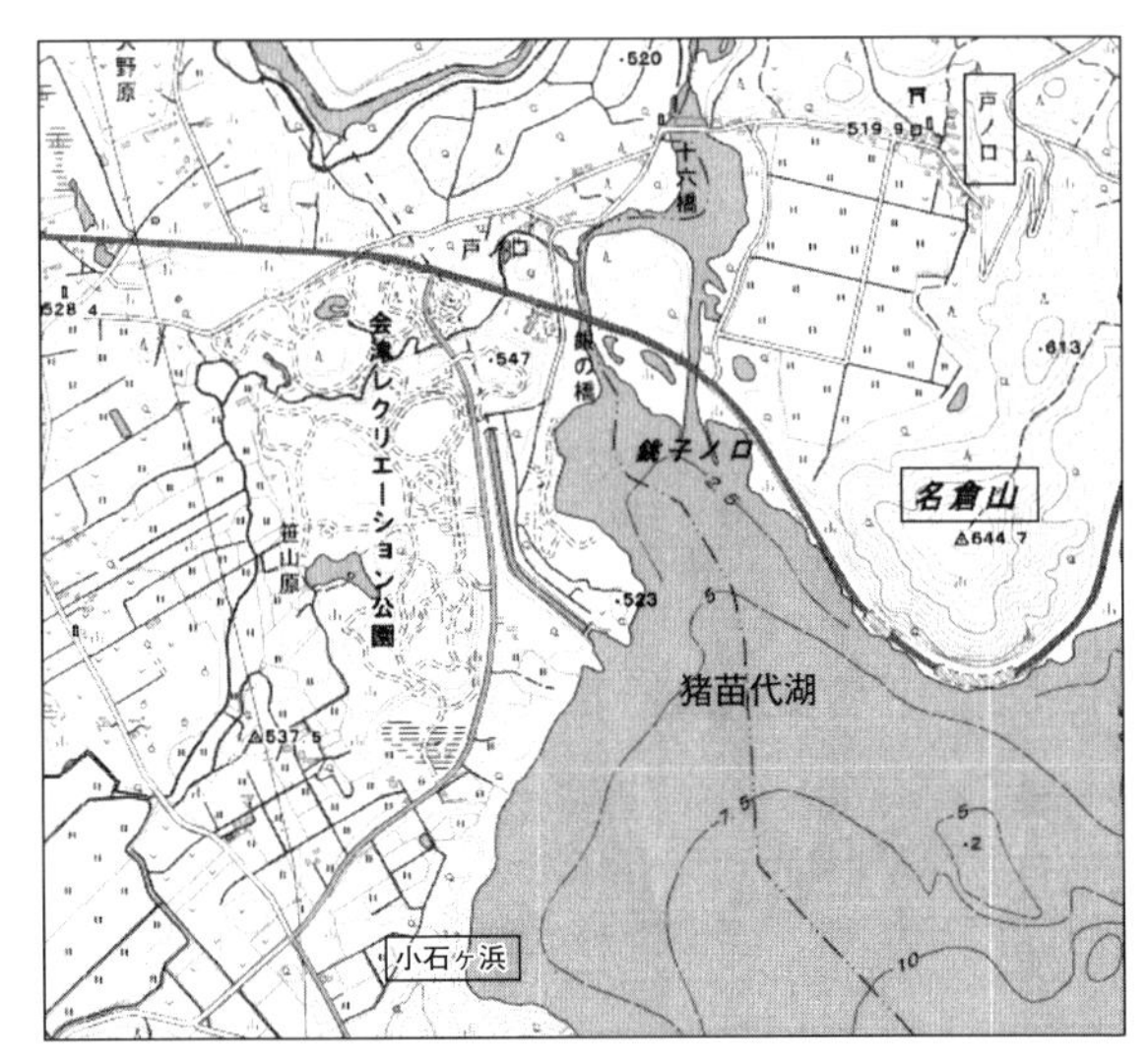

戸ノ口周辺図

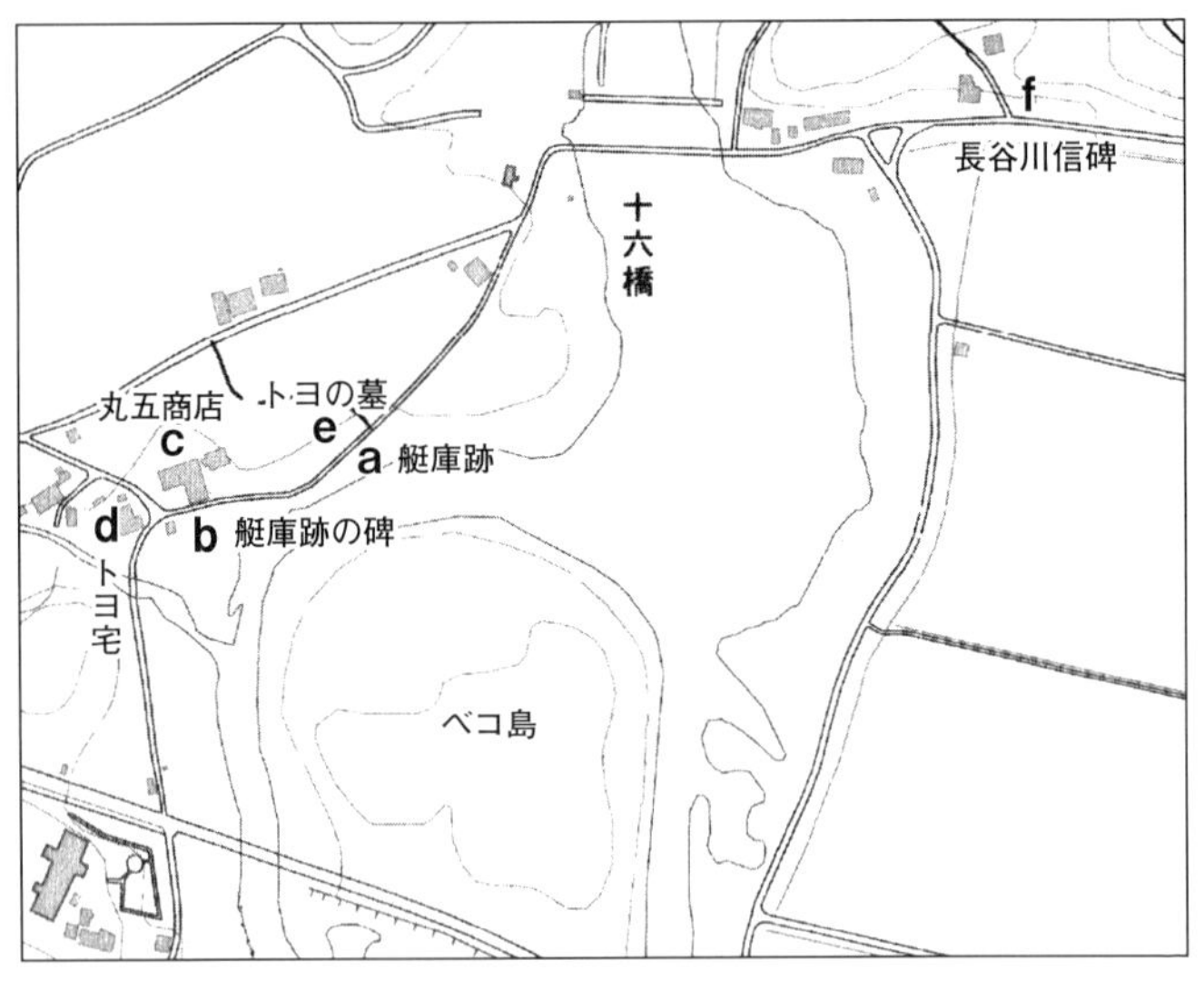

戸ノ口周辺図（拡大）

ａは、会津中学校端艇部（ボート部）の艇庫跡で、十六橋に近く、湖につながる幅の広い掘削水路に接するような形で造られていた。現在は、草木が生い茂り、わかりづらくなっているが、今でも１ｍ程地面が掘り込まれた方形の窪地や西・北側の石垣が残り、また東側には、湖面から顔をのぞかせる艇庫の杭列を何本も見ることができる（写真①②）。会津高等学校端艇部百周年記念誌『一艇一心』（Ｐ41）には、二つの建物が並んで写っている（写真③④）。写真③

①艇庫脇に残る石垣

②艇庫前の土台杭列

③左：水泳部合宿所　右：艇庫
（『一艇一心』より）

④艇庫（『一艇一心』より）

⑤会津中学校端艇部艇庫跡碑

⑥会津中学校生（鈴木栄二郎）が描いた昭和12年当時のトヨ宅

の右が艇庫（二階建て）、左は水泳部所管の合宿所である。しかし当時の水面から約３ｍ水位を低下させるという昭和17（１９４２）年末からの工事（福島県土木部砂防電力課：１９６２）の影響は大きかった。湖の水位が下がり、桟橋まで水が届かなくなると、艇庫前の掘削水路に艇を出し入れすることが容易でなくなったため、端艇部はここを離れ、昭和26（１９５１）年からは新たに完成した喜多方市荻野の漕艇場で練習することとなる。

ｂは、もう一つ

⑦古川トヨ（モンタ婆さん）
（『一艇一心』より）

⑧信とモンタ婆さん（『一艇一心』より）

⑨恩師：小林貞治先生
（『一艇一心』より）

⑩トヨの墓

⑪トヨの墓から十六橋や信の石碑方向（北東）
を見る

あった艇庫（平屋）の跡である。ここには、平成11（1999）年に会津中学校端艇部OBらによって、「会津中学校端艇部戸ノ口艇庫跡」の碑が建てられている（写真⑤）。

cは、bの艇庫跡の前にある通称「丸五」商店で、端艇部の生徒らがお世話になった家である。丸五は、かつて猪苗代湖の湖上交通で繁盛したという。

dは、信をはじめ端艇部員らが、これもまた大いに厄介になった古川トヨ宅である（写真⑥）。トヨは、先に亡くなった主人の名（門多）から通称「モンタ婆さん」と呼ばれた（写真⑦⑧）。当時、信が最も敬愛し、最後の帰郷の時にも自宅を訪ねた顧問、小林先生（写真⑨）はトヨについて「古川トヨでは気分が出ない。モンタ婆さんでなければ生きてこない」「気の強い元気な婆さん」「顔や姿に似合わないロマンティックな話も聞かせてくれた」（『会高通史』P123）と書いている。生徒の面倒をよく見てくれた女性で、教員・生徒にとって忘れられない人物であった。特に信は個人的にも大変お世話になっている。昭和25（1950）年に会津高等学校は、トヨ

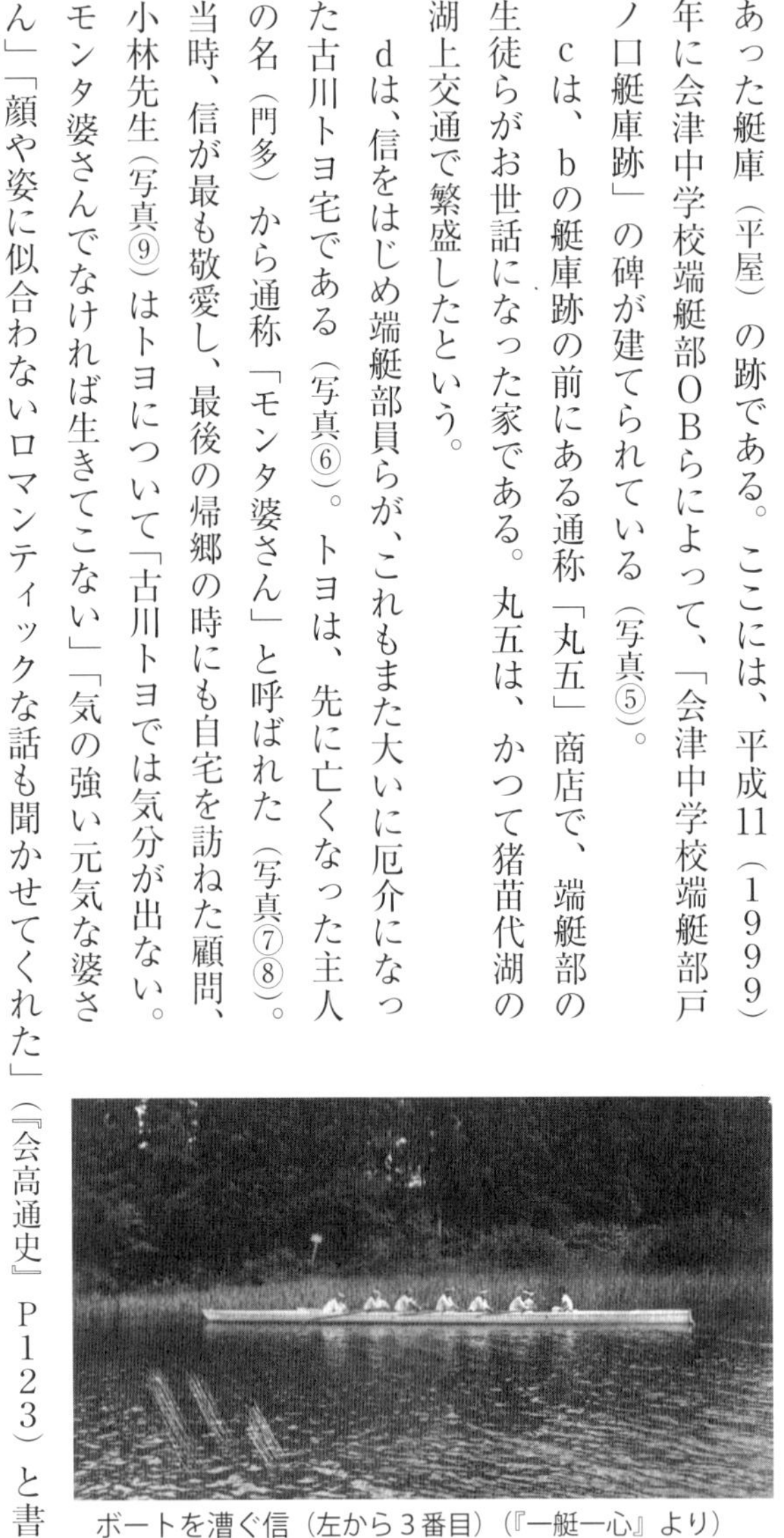

ボートを漕ぐ信（左から３番目）（『一艇一心』より）

の功績に対して感謝状を贈っている。トヨは昭和30（１９５５）年8月、80歳で没した。

ｅはそのトヨの墓である（写真⑩）。トヨはａの艇庫の真後ろに位置する小高い丘の上の墓地に眠っている。墓から艇庫跡を見通した目線の先には、ｆの長谷川信碑がある。今でも二人は、水路を挟んで向かい合っている（写真⑪）。

また会津高等学校の生徒会誌『学而会雑誌』第45号（１９３９）では、端艇部の1年先輩、天野三郎が信のことを「4年生にして堂々たる体格の持ち主。一旦艇中の人となるや、オールも折れよと漕ぐ様はまことに力強い。君こそ我が部の至宝だ。自重！自重！」と激賞している。

さらにこの頃の信について『一艇一心』には詳しい記述がある。会津中学校の同級生で端艇部でもあった会津坂下町出身の親友、広木仙也――信は一時、広木と同じ下宿屋を借りて共に過ごした仲である。信は後に、この親友に自身の将来に関する重要な書簡を送っている。広木は信について次のように記述している。

「ボート部には3年になって始めて入ることが出来ます。3年生のボート部員は12名ですが、その他に愛好者が多数居ります。信君は勿論真っ先に入部しました。秀才だが謙虚で、人望があり、いつも吾々の中心的存在で、上級生からも一目置かれていました。

ボート部員は5月より毎週土・日の二日間、戸ノ口で合宿します。（中略）宿舎はカッター庫の2階、板張りの大広間に畳を敷き、宿屋から貸布団を肩にかついできます。隙間だらけの、裸電球2個の殺風景な様子が脳裏に浮かんできます。あの頃の戸ノ口は、治外法権ではないが、自由があり、牧歌的で、吾々にとり秘境でした。

ボート部の中で、信君ほどボート部と戸ノ口を愛した人はなかった。彼は体格もよく、初め柔道部に入ったが、3年からボート部に入った。そのためいろいろ妨害を受けたようです」（『一艇一心』P35）。


妨害とは何か。『百年史』（P390）の記述によれば、3年の時、体格もよく柔道も強かった信は、ある教師から柔道部への入部を勧められた。しかしボートに熱中していた信は断わった。そこで、この教諭は、信の一学期の担当教科の成績を55点とした。このため信の全教科の総合点は極端に悪くなり、信はトップ層から脱落してしまう。そのショックは大きく、4年の途中で休学してしまった。これについては端艇部だった畑敬之助氏も『会津高等学校百年史』（P676～677）で「中学三年末期、ある教師の誤れる処置により信がそれまで目指していたエリートコースを断念し、新たな世界への旅立ちのために煩悶」と書いている。

広木によれば、「信は4年生になり欠校が多くなり、文学、宗教、哲学書に耽り、孤独の生活を求めて家を離れ、磐梯山麓、戸ノ口などに放浪の生活を送るようになった。ボート部員も信を心配したが、彼の考え方や深い悩みを理解することは困難であった。そして彼に会いたければ、戸ノ口に行けが合言葉になったという」（『一艇一心』Ｐ35)。

貸ボート上の信（『一艇一心』より）

戸ノ口の地とは何か。戸ノ口のもつ教育力や魅力について、顧問だった小林先生は『会高通史』に美しい文章で､自然の荘厳さ、奥深さ、そしてそれが学生たちの強さを生み出す源になったことを書いている。信は戸ノ口の魅力に感化され、最も大きな影響を受けた人物と言っても過言ではないだろう。中学校を休学していても、ボート部の合宿には必ずと言っていいほど参加していたことを広木は後に述懐している。畑氏も『会津高等学校百年史』（Ｐ677）で書いているように、在学、卒業後を含めた彼の猪苗代湖周辺の逍遙は、狂いだした運命の歯車を何とか戻そうとする動きだったのかも知れない。彼は戸ノ口で悩み、思索し、そしてこの地で精神的な成長を遂げた。信にとって戸ノ口は永遠の故郷であり、人生の中で、最も重要な意義を持つ土地となった。したがって彼の死後、『日記』を基に両親がこの地に石碑を建てたことは、まさに正鵠を射たものだったのである。

この休学期間に、信が大きな精神的変化を遂げたことは間違いない。この頃、信は宗教への関心を深めていたようであり、キリスト教のことをしばしば口にするようになった。信の生涯を貫く信仰の原点は、この頃に芽生えたようである。兄の力は、後に「佑が置いていった本を読んでいるうちに信はクリスチャンになった」と述べている（『学而新聞』第178号）が、信はこの頃、ミッションスクールである同志社大学への入学希望を友人たちに語っていたという。

教師への反発によってもたらされた後の自分の経緯を深く考えながらも、信は自分の心を偽らず貫くと決め、キリスト教に基盤をおく同志社大学で学ぼうと考えたのであろう。後述するが、この自分に忠実に生きる、という生き方を、信の『日記』や『修養録』の中に見出すことができる。

昭和14（1939）年春、信は会津中学校に復学する。この頃、彼が3月29日付けで予科士官学校の浅野恒（信の『日記』〈の一部？〉を『わだつみ』編集部に送った人物）に書いた葉書がある。

「御無沙汰しました。お変りないことと思ひます。小生いさゝか運動不足の気味で、ゼイ肉がつき過ぎたやうに思はれます。遅ればせながら、改めて、安中転校の件お知らせ致します。出発の期日は、大方来月の三日頃になるのではないかと思はれます。来春の聖戦を目標に、大いに張切ってをります。御安心下さい。（後略）」（『百年史』Ｐ３９２）。

文中の「来春の聖戦」とは、同志社大学予科の入試のことであろう。「安中転校の件」とは、会津中学校への復学を避けて、郡山市の安積中学校への転校を考えていたことを意味する。しかし結局、信は会津中学校で1年遅れの4年生時代を過ごす。そこでも信は成績優秀であり、中でも英語力は教師たちを驚かせた。英語弁論大会では、卓越した彼のスピーチに会場全体が粛となったという。同志社大学へ進みたいという思いが、特に英語の勉強に力を入れさせたのであろう。また信は4年次から、受験のため賑やかな町中の中心部にある実家を離れ、下宿したり、後に借家を借りたりするようになっていた。借家にはボート部など多くの友人が出入りし、「梁山泊」と呼ばれていた。信の部屋には分厚い哲学書や宗教書が並び、彼は読後、精細なサブノートを作っていたという。『学而新聞』第１７８号によれば、信は西田幾多郎（にしだきたろう）の『善の研究』や、『ファシズム批判』で知られる河合栄治郎の本なども読んでいたようである。同新聞によれば、小林先生は、「生きていれば、今大学の教授をしている同級生たちにもまさって優れた学者になっていたであろう」と述べられている。

当時、中学校は5年修業制であったが、4年修業（四修）後の大学予科への進学も制度上認められていた。四修していた信は、昭和15（1940）年春、念願どおり新島襄を創始者とするプロテスタント系の同志社大学予科の学科試験に合格して、予科1年生として京都での生活を始めるようになったのである。

3　同志社大学時代

昭和15年、信は同志社大学の北東、校舎にほど近い、現京都市松之木町の下宿から大学に通い始めた。しかし信は、早くも広木仙也に出した4月17日付けの葉書の中で、同志社大学について「クラスは大部分が凡のやうで、信仰のある者は少いやうです」（『百年史』P392）と率直な感想を書いている。現実の同志社大学は、必ずしも彼の期待に応えてくれるものではなかった。結局、この失望感から信は、一学期を終える頃、同志社大学に見切りをつけて帰郷してしまうのである。

信が入学するわずか３年前、同志社大学では大きな動きがあった。昭和10（１９３５）年に45歳で総長となった湯浅八郎は、昭和８（１９３３）年に滝川幸辰（たきかわゆきとき）教授が京大を追われた「滝川事件」で同教授を支援していたが、総長就任後、軍部等の圧力のため、わずか２年後の昭和12（１９３７）年には辞任させられる。昭和10年の「神棚事件」、「勅語誤読事件」、「チャペル籠城事件」、そして「同志社教育綱領」問題など、一連のいわゆる「同志社事件」と呼ばれる事件が続き、湯浅は軍部、あるいは学内からの突き上げによって辞任を余儀なくされた。時節柄、自由主義や創立者新島襄が唱えた「キリスト教を基本とする徳育」に対する強い逆風が同志社大学に強烈に吹きつけ、総長の辞任にまで至った。この影響は当然大きかったと思われる。国家主義・軍国主義の力は教育の現場にも深く浸透していった。信が同志社大学に入学したのは昭和15年。時勢も進み、さらに厳しい状況となっており、学内の雰囲気も、時代に迎合し、信の希望を失わせるような状況に立ち至っていたと推測される。

信は、国家体制に迎合している同志社大学という学校と、軽佻浮薄な学生たちに大きな失望を抱いてこの学校を去った。

帰郷した信は、周りから東京行きを勧められたらしいが関心を示さず、当時、満州に設立された満州医科大学に進学したいという気持ちを、会津若松市の実家から広木宛の葉書（昭和15年12月9日）に書いている。この葉書で信は、自分の立場を人道主義に結びつけ、中国の「人間のレベル以下の生活を送る者」のために働きたいという考えを表明している。

さらに信は、12月12日付で、同じく広木に宛てて便箋16枚にも及ぶ長文の手紙を書き、当時の心境を詳細に伝えている。信の深い苦悩と考えを示したポイントとなる重要資料であるため、長文ではあるが、ほぼそのまま掲載する。

「今迄の私は、兄も御存知の通り、いろいろと浮草の様にあちらに漂ひ、こちらに流れて参ったのですが、今そのような私を顧って見て、私は父母に對して、師に對して、又兄等親友に對して、実に穴にでも入りたいやうな気がします。けれども又一方には、――今迄俺は少しでも不真面目ではなかった。その場合々々に他人には笑止に見えても、いつでも俺は真剣だった。俺は天地に對し、何恥づる所もないのだ。とリキみかへっても見ます。

兄が高校を奨められる気持はよくわかります。満医より確かに高校は、真に友となし得る秀才達が集まるでせう。そして或る見方に於て、より意義ある生活を送り得るでせう。だが、それでも尚私は満医を受くべき多くの理由を持ってゐることを確信します。

凡そ、一人一人の人間が、夫々の人生を築き上げてゆくには、そのよって立つべき、各々の立場がなければならないと思ふ。私にも、私個人の戴然たる足場があるんです。現実があるのです。一切の羞恥を排して私は兄に告白する。

（中略）

善には、よき報ひがあると同時に、罪悪にもその報ひは必ずあるべきだ。一旦犯した罪は、永劫に罪であり、たとへそれを犯した人間の脳裡から忘れ果てられたものとしても、神の前には全て露はであり、一旦、犯したといふ事実は、永遠に真であり、その罪は永劫に消えない。吾々は、一生を己が罪の償ひに費さねばならぬのだ。

イエスにのみ、己が罪を負はせて、己の安心、救いを得ようとするのは、吾々のエゴイズムだ。吾々の側に於ては、吾々の死の最後の瞬間にまで、吾々の贖罪を続けなければならない。

泥沼の中に喘ぎ乍ら、絶えず渇仰してゐた、大空の清浄なる星の一つのやうなF氏も、俺は忘れ去らうと努めてゐる。忘るべきだ。

いやFも何もない。俺には只、仕事があるのみだ。そして、医業こそ、神の思召に適った仕事だと、私は信ずる。

私には、家庭も、子供も、愛も全て無である。私には、仕事が、全生命だ。仕事と私を見守ってゐて下さる神を信ずることとは、私の唯一の慰安である」

このように信は〝贖罪としての奉仕〟の仕事に生涯を捧げる決意を示した。そして、その仕事が満州医科大学への進学とどう結びつくかを明らかにするため､当時の社会情勢を考察する。

「私達の今迄の理想であった『貧しい人々のために……』といふ根本の思想は、今以て変らない。より強き情熱をさへ感ずる。さういふ思想は、必然、社会主義或は社会政策へと歩を進める。だが吾々は、一度吾々の周囲を注目する必要があると思ふ。

吾々自身が、如何なる事を考へ、如何なる事を行ふにも、絶対に環境の支配、影響を受けないわけにはゆかない。吾々の住む社会と、吾々とは、絶対に無関係ではありえない。愚説を、我慢して聞いて下さい。

先づ、我が国は支那との聖戦に従事し、欧羅巴も亦戦乱の渦中に在り、米国又その渦中に巻込まれようとしてゐる。世界は挙げて非常時にある。各国は、平和を云々する前に、先づ軍備を必要とする。暴力の前に道理は無である。

斯様な世界情勢を前にして、吾々が社会主義を標榜し、戦争の中止を叫ぶことは、果して賢であると言ひ得るだらうか。それらの理屈の通る前に、吾が愛する祖国も、民族も、滅亡の憂目に遇ふことであらう。

吾々の理想の根本の理念は、即ち社会主義……を奉ぜしめる根本の原因は、世界の平和にある。額に汗して働き、神に感謝し、安らかに毎日を送り得る世界建設にある。そしてこの建設は、永遠に完成の暁を見るまで、営々の歩みを続けて行くべきだ。吾々は、その事業の最初の踏石―土台とならなければならない。然らばその具体案は何か。私は飽く迄現実に即してかう思ふ。日本は東亜の新秩序の建設を目指して、支那大陸に兵を進めてゐる。枢軸国、独伊両国も亦、欧州大陸に新しい平和を築かうとして努力してゐる。之でよいのだ。そして、戦争を出来るだけ早く切上げて、その惨禍を最少限に喰ひ止めることだ。

日本、支那、満州を一丸とする東亜の新秩序。独伊を中心とする欧州新ブロック、そして米州大陸と。世界は大体三つのブロックに分たれるであらう。そして、真の世界の平和は、その後に来るべきだと信ずる。そこで、現在の我々の任務は、前にも明かなやうに、先づ東亜の平和確立に邁進すべきだと思ふ。私は、国内の色々の事柄には目をつぶって、先づ大陸へ行かう。

大陸への平和の戦士として、恰好の職業は、医であることは喋々は要すまい。私は何よりも先づ、支那人になりきろう。支那人を愛さう。そして、それには先づ、支那語をよくすることが先決条件に違ひない。
支那語に通ずるには、満医に行くのが最もいいと思ふのです。（その他、細い点は多々ありますが）」

さらに手紙は続く。

「以上、いろいろと述べてみましたが、果してよく論理がとほってをり、兄を納得させ得るかどうか分りません。又間違を犯してゐるかも知れません。（中略）自分一身だけの心から見て、詰らないと思ふ人間に對して、嫌悪を抱いたり、若しくは友になることが出来ない、などいふ狭い考へは、棄てるべきだと思ひます。彼らがいけない人間であれば、あるほど、私は、彼等に親しみの心を以て接したいと思ひます。それあ、私だって、人間です。時にはいけない感情にもとらはれるでせう。併し、私は、常に神が守って下さることを信じます。私が満医に行って、周囲に失望する……そんなことは、神様がお許しになりません。
積極的に、私は、働きかけよう。満医では、中国人、満人が全員の半分の、四十人とることになって居ります。恐らく、最初から、彼等と和やかに相接することは不可能でせう。大きな社会の中の、私の属するだらう小さな社会の人々を、全て睦み合ふやう努めること、それが私の将来の仕事にとって、有益な一つの経験となるでせう。

《真に神に仕へるならば、失望といふことは、あってはならない。》

《一瞬一瞬が望みであり、喜びである。》

同志社に居る頃は、神はまだ私にとって漠としたものであった。神がその偉大なる貌の一部を私に表はし始めたのは、最近の事である。

今〝小島の春〟を観てきました。私の理性が成長して以来、泣き通したのは、この映画が始めてです。今迄の最も感銘の深い映画です。

癩者の限りなき不幸を憶ふとき、私の現在の苦しみなんか、不幸の部類に入りません。

共に、信と望と愛に生きむ。

乱筆を謝す。ではさやうなら。

十二月十二日　夜

長谷川　生

広木兄　」

（『百年史』Ｐ３９４〜３９８）

この手紙には、信が自らの進路について、何とか自分の夢を実現させるべく理論立てようとする苦悩や中国の人々への暖かい眼差し、寛容な心が見える。理想の根本の理念は、世界の平和にあるが、既に始まっている戦争を今さら止めることなど現実にはできないのであるから、この戦争をできるだけ早く終わらせ、その惨禍を最低限にとどめる。そして、大陸において「貧しき人々」である中国の人々を愛しつつ、自分は共に学び生活してゆく、というものである。信は、この手紙で〝贖罪としての奉仕〟の仕事に生涯を捧げる決意を示した。人は生まれながらにして罪（原罪）を背負っている。信がこの時点で最もふさわしい贖罪の場と考えたのが満州医科大学であった。しかし皮肉にも信は、後に兵士となって満州に渡ることになるのである。

ここで会津出身の矢部喜好（きよし）（1884〜1935）に触れておきたい。矢部は会津北部の現喜多方市山都町出身。信と同じ会津中学校在学中、キリスト教（プロテスタントの一派の福音教会）に入信し、街頭で戦争反対を叫ぶ。日露戦争に際し、入隊命令を受けた矢部は兵役を拒否したことから、結局、2カ月間投獄され、その後、傷病兵看護のため看護卒補充として入隊し終戦を迎えた。しかし、マスコミは矢部の行動を取り上げ、矢部は非国民などの批判にさらされるなど世間で大きな問題となった。戦後渡米し、シカゴ大学神学科で苦学後、帰国。滋賀県に教会を設立して牧師・教育者として伝道・社会事業を活発に行った。また賀川豊彦や杉山元治郎と共に日本農民伝道団を組織し、農村伝道に当たるなどの活躍を見せた。矢部は昭和８年、杉山と共に、病身をおして故郷会津の山都にも足を運び、農村福音学校を開いて、愛土・愛隣・愛神の精神を吹き込んだ。

賀川は、このわが国における最初のＣ・Ｏ（コンセンシアス・オブジェクター）、つまり「良心的兵役拒否者」として知られる会津の矢部と20年以上交流している。そして矢部の生涯を描いた田村貞一の著作『矢部喜好伝』に序文を寄せ、その冒頭で「彼は日本に於ける最初のコンセンシアス・オブジェクターであった。彼はその為に鎖に繋がれることさへ辞せなかった。……至純なる聖徒であったよ」と、最高の賛辞を惜しまなかった（田村：１９３７）。賀川は同じく序の後半で、矢部が死んだことで、会津の農村福音学校の話を矢部から聞くことができないのが唯一つ残念に思う、と書いている。賀川が矢部が死去した昭和10年に刊行した『乳と蜜の流るゝ郷』の舞台を、磐梯山の北西側に位置する大塩村（現福島県耶麻郡北塩原村大字大塩）すなわち会津地方に設定した背景には、矢部の存在、矢部へのリスペクトがあったのかもしれない。なお昭和21（１９４６）年秋、賀川は喜多方において特別伝導礼拝を行っている。賀川と会津の縁は深い。

信は中学校の先輩、かつキリスト教信者でもある矢部について何も記してはいないが、『矢部喜好伝』が刊行された昭和12年は、信が会津中学校3年の時に当たっている。信の内省が始まる直前の時期である。これはあくまで推測であるが、彼をキリスト教に向かわせた一つのきっかけに、矢部の生き方が関係していた可能性を完全に否定することはできないであろう。また日本農民伝道団を矢部と共に組織し、後に同志社大学総長となる湯浅八郎も「日本が生んだ最も純正な絶対平和主義者の一人……」と矢部を高く評価している。同志社大学への信の関心及び進学にも、矢部や湯浅の影響があったのかもしれない。

4　喜多方中学校時代

理由は不明であるが、結局、満州医科大学への進学が実現しなかった信は、昭和16（1941）年春、福島県立喜多方中学校の5年生へと編入学した。現在の喜多方市南町の交差点近くに、兄力の妻トモの実家があり、その近くに止宿して1㎞弱離れた喜多方中学校に通い、中学生として最後の1年間を送ったのである。

信が編入した昭和16年は、12月8日に日本軍のマレー半島上陸・真珠湾攻撃が始まって日中戦争から太平洋戦争へとエスカレートした年であり、喜多方中学校でも8月に教職員・生徒集

五年乙組　集合写真（二列目左端が信／『櫻壇の風　喜多方高等学校創立百周年記念誌』より）

信（上の写真を拡大）

団の実質的軍事化組織である「福島県立喜多方中学校報国修練隊」が組織され、開戦日翌日の12月9日には、宣戦大詔奉読式が行われるなど、日本全体が一挙に臨戦態勢に入っていった。

『修養録』の昭和19（1944）年5月8日に、信は「昭和十六年十二月八日!!俺ハ丁度、アノ頃ハ、中学ノ五年生ナリキ。ソシテ、猛烈ナ吹雪ヲツイテ登校シテ、始メテ、我ガ海軍航空部隊ノハワイ空襲ヲ知ル。宣戦ノ詔勅ヲ知ル。アノ時ノ感激ヲ忘ルマジ。ソシテ、只管任務ノ完遂ニ努力セム」と記し、喜多方中学校時代に起こった開戦の時を回想している。

戦時の中学校の例に漏れず、喜多方中学校も心身鍛練・修練の場へと変わった。毎月曜日の朝礼に生徒は、生徒心得第1条「本校の生徒たるものは慎みて教育勅語の旨趣を奉体し常に本校の教訓を遵守し信義礼節を重んじ質実剛健を尚び勤勉力行を旨とし国体に関する信念を養い以て健全有意の国民たらんことを期すべし」を斉唱した。武道大会、耐熱行軍などが熱狂的雰囲気の中で実施され、勤労動員が準正課扱いとなり、知育―教科授業の正常な展開などあるべくもなく、正常な学園生活は崩壊していった。

こうした戦争一色に染まっていく時代の中で、信は喜多方中学校でどういう生活を送ったのか。『百年史』（P398）によれば、信は喜多方中学校においても真面目な生徒であり、卒業時の成績は外国語の訳読、作話が各々100点、全教科平均85点で、47人のうち5番の成績であった。相変わらず淡々と勉学に勤しんでいたことがわかる。後に明治学院厚生科に進んだ信は、英語の授業で教科書を読んだ時、英語の先生に「うまいね。どこの中学から来たの？」と問われ、「喜多方中学です」と答えている（明治学院歴史資料館：2008：P68）。

信と同じ5年乙組であった山中良平氏は、信を評して「自己採点の正確な彼。堂々たる風格の彼」と述べている（『喜多方高等学校七十年史』P277）。また同氏は、平成28（2016）年秋に行った私とのインタビューで「信君は周りから一目置かれる存在であり人気があった。戦争反対などは、信君も口に出して言えなかったが、しかし皆、彼の考え方はわかっていた。あえて口に出すことはしなかったし、出せる時勢ではなかった」と話されている。さらに当時の喜多方中学校については、「リベラルな雰囲気があり、自由な校風が受け継がれ、また自由な風潮が流れていたように思う」「先生方は生徒への評価をきちっとしていたし、生徒の教師に対する評価も高かった。信さんの成績は抜群で、（先生方は）きちんと評価してくれていたと思う」とも話されていた。

喜多方中学校について、信の４年後輩にあたる満田博禧氏は昭和17（１９４２）年当時のことを次のように述べている。

「国民学校とは異質なものを感じた。教練（軍事教官）を担当する配属将校とその助手として在郷軍人で教練教師となった教師以外は服装も自由、先生方は背広姿であった。国民学校の先生方は、その頃すでに国民服着用が殆どであり、何かリベラルなものを感じた」「けっこうマントを被って映画鑑賞した話も公然と語られていたし、成績判定会議を天井裏をはって盗聴したというつわものもいた。当時の成績評価は厳しく、学年成績の平均点が60点未満者は容赦なく原級留置とされた。こうした先輩の多くは、〝決して学校では教えないこと〟も知っていて、何か人生の先輩の観もあった」（『櫻壇の風　福島県立喜多方高等学校創立百周年記念誌』P342）。

ちなみに喜多方中学校は、会津中学校と共に鈴木清順監督、高橋英樹主演の映画『けんかえれじい』の舞台となった学校であるが、映像からも当時のバンカラかつ自由奔放さが伝わってくる。

以上のような発言や記述は、急激に戦時へと向かっていく学校の体制や雰囲気の中にあっても、全くの自由とは言えないまでも、昭和10年代半ばの喜多方中学校には、戦時色で塗りつぶされないリベラルな雰囲気が残っていた証となろう。

さて、信の高い評価や、山中氏らの発言から、私は当時の喜多方中学校の教師たちが、生徒を心身共に画一化し、皇民化することへの躊躇をかすかに持っていたと感じている。真摯な教師による「きちんとした評価」（山中氏）は、生徒の教師に対する信頼感を生み、ひいては、誠実な教師たちに高く評価された信への羨望にもつながっていっただろう。年上ということもあり、成績優秀というだけでなく、様々な思索や経験を積んできた信は、他の生徒たちから見れば、格段に落ち着いた、堂々たる風格の成熟した大人として、一目置かれた存在だったに違いない。

山中氏や満田氏が指摘したように、当時の喜多方中学校には、生徒たちの自主的な生き方を受け入れる良識がまだ残っていたと言えよう。信の成長の過程で喜多方中学校が、具体的にどのような影響を信に与えたかは資料に乏しく、詳しいことは不明と言わざるをえないが、少しでも信が当時のこうした校風・雰囲気を味わいつつ過ごしてくれていたならと今更ながら願う。

多少、脱線する。私が喜多方高等学校に生徒として在籍していた昭和48～50（１９７３～１９７５）年当時、生徒たちが口にした校風とは「自由」であった。それも、すぐさま各生徒から口を突いて出たものである。自由闊達に物言える雰囲気は、入学した時から卒業まで失われることはなかった。そしてそれは、教師となって再び、38年ぶりに母校に戻ってきた平成26～27年度（２０１４～１５）にも感じたことであった。そのことが、私は何よりうれしかった。

戦後の昭和23（１９４８）年、新制高等学校としてスタートした喜多方高等学校は、昭和26（１９５１）年に男女共学となって以来、福島県内の他の伝統校が途中で男子校に戻る中、途絶えることなく、戦後教育が目指した理念の一つを実践する形で、今日まで男女共学を続けてきている。

戦前を含め、この自由な雰囲気はどこから生まれたのであろう。喜多方は古くから物資の集散地として賑わった町であり、会津北部の中核として栄えた。喜多方事件をはじめとした自由民権運動の中心地としても、つとに有名である。喜多方中学校設立に大きな役割を果たし、24年間にわたって喜多方町長を務めた原平蔵も、元は自由民権運動の旗手であり、その原と共に豪農・商人たちが「喜中」創立（大正7〈1918〉年）の大きな原動力となった。そうした古くからの町の雰囲気が自由を醸成していった、とはあまりに単純であるが、今後、追及していきたいテーマと考えている。

話を信に戻そう。『百年史』によると、喜多方中学校時代の12月、太平洋戦争へと戦火が拡大した直後に書かれたと思われる次のような書簡が、信から会津中学校時代の友人、新明文夫宛に出されている。これを読むと信は、日米開戦となって、やがては自分も戦場へ行かなければならないことも予測していたことがわかる。

「（前略）若松へ行ってみようかと思ったんだけれど、天然痘がはやっているさうで、恐くて行けませんでした。

貴方は一人で淋しいでせう。けれど強くなって、最後の努力をして下さい。

バイブルはいいですね。やがて我々かいくさに行くときも、バイブルは持ってゆきませうね。

ドイツの学生兵はさうだったといはれてゐます。

やはり俺達は、どうしても、天皇と、国体には、救はれません。
松江のこと、賛成してくれて、ありがたう。昨日受験心得を請求してやりました。
貴方がひたむきなよい心の持主であることを信じます。
こんどの土曜が修業式ですから、かへられると思ひます。」

（『百年史』Ｐ３９８～３９９）

文中の松江とは松江高等学校のことで、信は同校を受験したが不合格に終わっている。先述したように、この不合格の理由が、会津中学校と喜多方中学校での彼に対する大きな評価の差にあったことを、信は自ら分析し同じ組の山中氏に語っている。

この手紙で最も注目すべき点は、信が喜多方中学校の段階で既に、『聖書』に価値の根源を求めている点である。憧れていた同志社大学を中退してはいても、信のキリスト教への信仰に変わりはなかった。実際、この書簡のとおり、信は入隊後も『聖書』と『歎異抄』などを「ムサボルヤウニ、読ンデ」（第3章『修養録』昭和19年3月14日）いる。

次に喜多方中学校後の進路決定に関して注目すべき資料が、わだつみのこえ記念館に展示されている。これは信がセツルメント活動を志向する意思を友人に伝えている喜多方中学校時代の葉書である。

セツルメント活動とは、宗教家や学生などによる、社会の下層に属する人々に対する社会事業の一つである。主として宗教的、教育的立場からなされるものが多い。その事業内容は様々であるが、一般に保育・学習・クラブ・授産・医療・各種相談などがある。明治17（1884）年、ロンドンでA・トインビーを中心に、学生らが労働者たちの教育にあたった。これがセツルメント活動の最初である。日本でも外国人宣教師によって、明治時代に始められたが、片山潜が明治30（1897）年にキングズレー・ホールを中心に活動したのを創始とする。その後、この活動は、社会主義運動とともに活発化し、大正14（1925）年、東京本所に東京帝国大学の学生セツルメントが生まれ、学生による活動のさきがけとなった。明治学院に入学・在籍した賀川豊彦も、貧民救済や農民組合運動などに人生を捧げ大きな影響を与えている。信も明治学院に入ってから、賀川やセツルメントのことを友人と話題にしている。

昭和16年7月7日付けで、会津本郷町の友人渡部亭に宛てたこの展示葉書には、信が生涯思いを寄せた女性Fのことが書かれていると共に「俺は、俺一人で、俺のセツルメントビジネスをやってゆくことになるだろう」と記している。左記はその葉書の全文である。

「Ｆは女高師の家事科にいるのだが、……
俺は見事にフラレタ。　けれど、今はもう落着きを
取戻した。（俺に文をよこすときは封筒を用ひてくれ。）
俺がＦにデザーヴしなかったからだ。と自分に因果を
含めてゐる。俺は、俺一人で、俺のセツルメントビジネス
をやってゆくことになるだらう。
女といふものは所詮信用できん。といふ結論に達したから。
Ｆも今度こそホントウに他人と
なってしまった。
　右お知らせまで」

　このように信は、喜多方中学校時代からセツルメント活動に関心を示していたことがわかる。親友広木は会津中学校時代の信を見ていて、「彼

葉書（昭和16年7月7日／わだつみのこえ記念館提供）

は生来、humanist で、貧しい人々に対する社会主義的な考え方を抱いていたと思います」と『百年史』編集部宛の手紙に書いている。人道主義に立った慈善活動や社会改良事業……彼には、そうしたセツルメント活動につながる考え方が既に芽生えていた。言うまでもなくその基盤は、共生の理念や無償の愛の教えを説くキリスト教であったが、特にプロテスタンティズムの考え方に彼は惹かれていったのであろう。

喜多方中学校の次の進路決定の過程で、勉強家の信は社会事業科（昭和17年4月に厚生科に改称）が設置されていたプロテスタント系の明治学院という学校を知り、事前に研究し、同学院に進学することを、ほぼ決めていたのではないかと考えられる。奉仕・セツルメントが明治学院進学への決定的要因として作用し、最終的に信は〝Do for Others（他者への貢献）〟を教育理念とし、当時、社会事業科が設けられていた明治学院という進路を選択したのである。

なお喜多方市塩川町出身で同い年、喜多方中学校の1年先輩である穴沢利夫（特別操縦見習士官1期生）は、信が戦死した昭和20（1945）年4月12日と同日、鹿児島県の知覧から出撃し特攻死している。穴沢については『祖国よ！特攻に散った穴沢少尉の恋』（福島：2009）『知覧からの手紙』（水口：2010）などに詳しい。

5　明治学院時代

ここで明治学院2代目の総理、会津出身の井深梶之助について簡単に触れておきたい。明治学院は、アメリカ人宣教師で医者でもあるヘボンが、明治20（1887）年に創立したキリスト教主義に基づいた学校である。ヘボンの下で副総理を務めた井深は、幼少期に戊辰戦争を経験し、その後の紆余曲折を経て、明治24（1891）年に2代目の総理として就任し、長くその職を務めた。

明治学院記念館内にある井深の胸像（平成30年10月撮影）

総理時代の明治32（1899）年、文部省訓令第12号が発布された。これは、文部省による教育と宗教の分離訓令である。私立学校でも課程内外双方で、宗教教育・宗教的儀式を禁止された。多くのキリスト教主義小中学校・高等女学校が、各種学校化を余儀なくされ、特に男子校は、上級学校への入学資格・徴兵猶予の特典を失い、入学者数は激減した。つまるところ、この訓令はキリスト教を抑圧して、教育勅語に収斂した教育を加速させるための国策である。井深は、この訓令が帝国憲法に違反すると主張し、文部当局などと積極的な折衝を行って難局を切り抜け、廃校を阻止している。後に、第二次世界大戦が迫るなか、世界人類同胞主義をも唱えた。井深は、明治学院の歴史にとって最も重要な人物の一人であり、また近代日本の良心を体現した代表的な人物である。

話を信に戻そう。信が東京に向かった理由には妹の上京など家族の事情や、既に上京して東京の学校で勉強していた女性Fのことが関係していたかもしれない。わだつみのこえ記念館所蔵で、入学後の5月28日に学院の寮「セベレンス館」に入った信から、会津中学校の同級生、渡部亨に出された手紙でもFのことが触れられている。

しかし明治学院に信が入学した決定的理由について『百年史』は、

「彼は諸般の事情から満州医大進学を断念しなければならなかった。だが、奉仕の生活への意欲は容易に失われていなかった。そのような彼が、東京や大阪のような大都市に於ける労働者階級の窮乏した生活と彼らのために働くキリスト教徒や学生たちのセッツルメント運動について、何らの知識や情報を入手しなかったとは考えられない。彼のいう贖罪としての奉仕の場を、彼は明治学院高等学部社会事業科に見いだしたことこそ、彼の明治学院入学の決定的な理由であった」

「この科についてどれだけの具体的知識を持ち理解していたかはわからないが、雑誌『社会事業』に掲載された同科学生によるいわゆる「ルンペン」に関するルポルタージュ〈昭和13〈1938〉年1月〉はかなりの評価を与えられていた」（『百年史』Ｐ400〜401）。

明治学院時代の信（無帽）（『百年史』より）

と記している。先述したとおり昭和11（1936）年11月結成の学生社会事業連盟の中心であった社会事業科がある明治学院に信が大きな関心を払い、進学先として希望していたであろう事は想像に難くない。

次に入学後の信はどのような生活・活動をしていたのであろうか。

上京した彼は、満州行きを、まだ一つの夢として抱き続けていた。信の会津中学校時代の友人で、在京していた斎藤博が、故郷の友人に書き送った手紙には、友人のグループ8人とその妻たちとが、教会堂を中心にした共同農場を経営する、という信の構想が述べられている。そして、この手紙の末尾には、この計画に突き進もうとする思いを、信が自筆で「我々は何故、このやうな偉大なる夢に今迄気付かなかったのかと不思議な位である。我々８人、否16人が、一丸となって突進する所、何物がそれを遮り得ようか」（『百年史』Ｐ４０１～４０２）と書き足している。

さらにこの手紙に加えて、もう一通、わだつみのこえ記念館に展示されている昭和16（１９４１）年５月28日付け、渡部亭宛ての重要な手紙がある。〝新しき村〟構想について信が述べているものである。全文を掲載する。

「謹啓
随分と御無沙汰しました。申し訳なし。

今、もうこの学校で落着いている。是處を終へてから九州か仙台の大学へ行かうと思ってはいる。

こゝは君のいた目黒から十五分歩けば、来れる所だ。

女にはつくづく縁がないものだと思ふ。勿論そうあるべき充分な條件が俺にはあるんだし……もう諦めてはいる。Ｆからは梨のつぶて。

それからもう一人、自由学園へ行っている恵子といふ人と、一寸、交渉がそれも今はもう。何のこともない始末。

君から貰った手紙を若松へ置いてきてしまったので、あてづっぽうで宛名を書いた。

果して着くか、何うか。

神田へ行って探してきたが〈コンサイス・オックスフォード・ディクショナリー〉がなかった。

君なら何とか手を廻せば手に入るだろうから、是非頼む。

手紙を出す早々、功利的な頼み事なんだが、勘辨してくれ。

金は何ういふ風にして送ったらよいのか、それもすぐ知らせてくれ。

斎藤博（今、獣医学校）や、新明君や植木、小川ｅｔｃ、旧ボート部の連中
（廣木はまだ連絡が取れてないが、大丈夫だと思ふ。）

〝新しき村〟を建設したいと思ふ。畜産農業を中心とした農場だ。

之は勿論、兵隊からうまく帰れたらの話だが、俺と斎藤、植木はたとへ一人になってもやるつもりだ。

君の欣然参加さるを期待している。

自分のことばかり書いてしまった。

君の女の人は、何と言ったかなあ、どうしてるの、もう支那にいるのかい。

俺のこと許り聞かんで、自分のことも知らしてよこしてもよささうなものだ。

一寸、不安な気がしないでもない。

俺は近頃、倫理、哲学を始めようと思っている。

今、独逸語をやっている。そしてその傍ら相変わらず男と女の愛についての本を乱読している。その中、よいのがあったら送るつもり。

今の所、中河与一の〝天の夕顔〟が一寸面白かったが、如何せん、人のもので仕方がない。

どんな風に生活し考へているか、知らせてくれ。

俺は神田の外は何處へも出ない。毎日、憂ウツに本にかじりついているだけ。

封筒宛名　東京市麹町区霞関外務省内文書課発送係気付　西貢大使府内　渡部亨　殿
封筒裏　東京市芝区白金三光町三四五　明治学院寮セベレンス館内　長谷川信　」


この手紙でも信は、満州での畜産農場へと思いを巡らせている。先の斎藤博の手紙には教会堂が登場しているが、信の望んだものは、信仰によって結ばれた仲間たちとの共同生活であったといえよう。

このことについて、かつて明治学院に籍を置いていた賀川豊彦が大きな影響を与えていた可能性は高い。賀川は昭和13（１９３８）年5月に満州を視察している。視察中、賀川は満州拓殖会社総裁の坪上貞二から移民村建設の要請を受けた。帰国後、賀川は「満州基督教開拓村」を日本基督教連盟に提案し、満州の長嶺子と太平泰に二つの基督教開拓村を作っている（大門：２００９：Ｐ89～91）。

賀川のベストセラー『乳と蜜の流るゝ郷』は、先述したように磐梯山北西側に位置する大塩村（現福島県耶麻郡北塩原村大字大塩）を舞台とした協同による村づくりを描いた小説である。明治学院では信が入学した昭和17（１９４２）年5月13日に、賀川による「精神生活の発展」という講演が行われ、この後、信は賀川やセツルメントのことを友人たちと話題にしている。信の手紙（昭和16年）に現れる、満州における構想も賀川の影響を受けたものと推定される。

しかし、当時、学院内外は戦時色一色に塗りつぶされていた。

『百年史』（Ｐ４０２）によれば、4月6日の入学式における院長の式辞も「此の大なる時代に当たって天業を翼賛し奉る心身の錬成を望んで進むことを心に誓って居る次第であります」というものであった。国家の一大事である戦争という時局に当たって、天皇をお助けするという心身の錬成を誓うとしたのである。また4月8日には大詔奉戴式（たいしょうほうたいしき）、13日には「七百の健児を迎へ報国団入団式」が挙行されている。

明治学院の2代目総理となった井深梶之助は、明治24年の総理就任演説で、「其の主義方針とも見るべき数カ条を演説し、パンにあらで寧ろ修養、忠君愛国にのみ偏せずして上帝を敬畏するを以て知恵の本と為すべき由を」堂々と述べた。主権在君下の明治憲法下において、この「忠君愛国にのみ偏せずして」という意味で勇気ある彼の言葉は、先述した文部訓令第12号問題でも貫かれた、氏の教育に関わる強い信念と、厳しい姿勢を示している。式後、学生たちは37歳の若き井深を胴上げして祝ったという（『百年史』P136）。「寛容の人」と呼ばれ、温厚篤実なクリスチャン、ジェントルマンでありながら、井深の胸中の秘められた宗教教育への強い意思を物語るエピソードである。

しかし信の学んだ頃の状況は、井深就任当時とは大きく異なり、国家が個人に優先する時代に突入していた。「戦時色はキャンパスをおおいつくそうとしている。それでも、どこかにまだ、自由とはいえないまでも、戦時色で塗りつぶされぬものがきわめて僅かではあるが存在している」（『百年史』P403）。そのような状況であったが、この後の戦時体制の強化によって、キリスト教への風当たりはより強くなり、キリスト教側の発言は後退し、学院の姿も変貌していった。戦後、明治学院は自己反省と検証を真摯に行っている（明治学院：1995・2008・

１３など）。

信自体の生活はどうであったのか。信は入学から入隊までの1年8カ月を明治学院で過ごした。友人渡辺亨宛の手紙にあったとおり、信は当初、三光町の湧泉寮（戦時中のセベレンス館を改称）に入り、後に目黒区下目黒1丁目のアパート水明荘に移っている。信の生活ぶりを『百年史』は、左記のように明らかにしている。

「十七年度の高等・高商両部の新入生は三百人を大きく上まわり、厚生科は約六十人であった。その同級生たちや教師たちの記憶に残る信は、どちらかといえば沈鬱な表情で、哲学的な議論を好む一方で、よく勉強する学生であり、特に英語の成績はすばらしかった。またひそかにロシア語の勉強もしていたという。しかし、秀才にありがちな冷たさはなく、友人たちともよく交際し、数人の級友とは特に親しくしていた。また高校生風のマントを身につけ、蛮カラをよそおうようなところもあった。課外活動では、水泳班と厚生班に入っていたが、厚生科の学生は下目黒のハンセン氏病療養所慰廃園や横浜の精神病院、結核病院やスラム街に見学にいくことがあったが、他の学生が顔をそむけるような場面にあっても、信は平常と少しも変らぬ態度だったという。彼のたどってきた経歴からしても、彼は既に二十歳に達し、他の級友たちよりも年長であったが、年齢差以上に成熟した人としての風格が身についており、学業に於ける実力とあわせて、周囲から一目も二目もおかれている存在だった。そして、信自身も、在京の妹たちに、明治学院が自分にぴったりくる学校だ、という感想を洩らしていたという」（『百年史』P404）。

社会的弱者や格差へと向き合う姿勢は、キリスト教への信仰や明治学院での勉強、セツルメント運動などへの参加を通して培われていったものと思われる。明治学院について、先の5月28日の書簡の中で信は「今、もうこの学校で落ち着いている。是處を終へてから九州か仙台の大学へ行かうと思っている」と書き、明治学院を卒業することは、もう決めていたことがわかる。信は明治学院が自分の進路として適切だったとの思いを抱いていた。同志社大学に対する感想とは大きく異なっている。

『百年史』は信について次のように続ける。

「当時ごく一部の学生や労働者の間にではあるが、反戦的あるいは社会主義的色彩を帯びた活動が全くなかったわけではなく、十七年十月には厚生科の学生三人が検挙されたという記録もあるほどである。彼が、この種の活動に関わりを持ったようなことはなく、軍事教練などに殊更に反抗する態度をとったことも伝えられてはいない。しかし『贖罪のための奉仕』という志を堅持していた信が、是が非でも勝たねばならない戦争だと考えていたはずもない。信の心のなかには、日本の勝利を信ずる気持はまったくなかったかも知れない」（『百年史』Ｐ４０４）。

実際に、5月28日の書簡の中で信は「之は勿論、兵隊からうまく帰れたらの話だが……」と書き、生きて帰り、自分の夢を実現する旨を記している。

ここに明治学院時代の新資料がある。

信の入隊約1年前の写真で、長谷川家に保管されていたものである。かつて若松市栄町の公会堂・物産陳列館（現在の会津図書館がある場所）のすぐ前にあった割烹「清亀楼」で行われた宴会の時に撮られたもので「昭和十八年一月三日　吾等の集ひ於清亀楼」というタイトルが見える。芸者あるいは酌婦と見られる女性の姿もある。会津中学校時代の同級会である。当然、端艇部で一緒だった顔もある。久しぶりの再会に皆楽しそうである。

最前列の左端、右手にたばこをはさんで、上体をやや右に傾けている学生服姿が信である。また2列目と3列目の間、左から2番目、眼鏡をかけ頭に手を載せられているのが、信が〝贖

吾等の集ひー清亀楼（最前列左端が信）

罪としての奉仕〟に生きたい、という重要な手紙を書き送った広木仙也である。広木はこの晩酔いつぶれ、

信（拡大）

信の借家に泊めてもらい、信の介抱を受けた。これが信と過ごした最後の夜となった。最後列中央やや右寄りの「清」の文字の下に写っている人物は、後に会津若松市長・会津高等学校端艇部後援会長となる高瀬治男（喜左衛門）である。高瀬は昭和21（1946）年から1年間会津中学校の講師を勤めた。また最前列中央で右手をあげているのは、後に酒造会社「末廣」の社長となる新城猪之吉（六代目）である。信はこの時、明治学院の

1年生。この年の10月に学徒壮行会、12月1日に入隊した。同期の連中と故郷で酒を酌み交わしたのは、おそらくこれが最後だったであろう。この集まりの場においても信は、芸者らと戯れるでもなく、落ち着いた様子で座っている。やや物憂げな表情が印象的である。

この正月の段階では、まだ自分たちの徴兵は遠いものという思いがあったかもしれない。しかし、ついにその時が訪れる。

「七月、会津中学時代の友人が東京の信のアパートを訪れ、いっしょに志賀高原に旅行したが、その時、信は賀川豊彦やセッツルメントのことなどを話題にしている」「卒業式の翌日の九月二十二日、信は二人の友人と連れだって学院の近くを散歩していた。ちょうどその時、どこからか聞えるラジオの声で、学生・生徒の徴兵猶予が停止されるとのニュースを伝えていた。既にこうしたこともあろうかと覚悟していた信たちは、声もなく顔を見合せ、誰いうとなくある友人の下宿に足を向けた。その夜は、いつもそこに集まる仲間たちで心ゆくまで飲み、語りあったという」（『百年史』Ｐ４０５）。

10月、学生・生徒の徴兵猶予は停止された。教会堂を中心とした共同農場経営やセツルメント活動など、信ら若い学徒の夢や望みは潰えた。

学徒出陣することになった信は、10月21日に明治神宮において、降りしきる雨の中行われた学徒壮行会には参加せず、故郷に帰り、10月27日に徴兵検査を受けた。そして『日記』に「─朝六時半から検査、無事に通過、甲種合格。父の顔も朗らか」と記した。現在、知りうる限り信の『日記』はここから始まっている。

当時、既に外国に駐在していた会津中学校の同級生である渡部亨の母に出した信の手紙が、わだつみのこえ記念館に展示されている。消印は徴兵検査から約1カ月後の昭和18（1943）年11月20日。信は亨からの手紙を亨の母親に転送している。

「先日、亨兄より来信あり。母上様宛の手紙同封いたしてありました。御廻送致します。亨

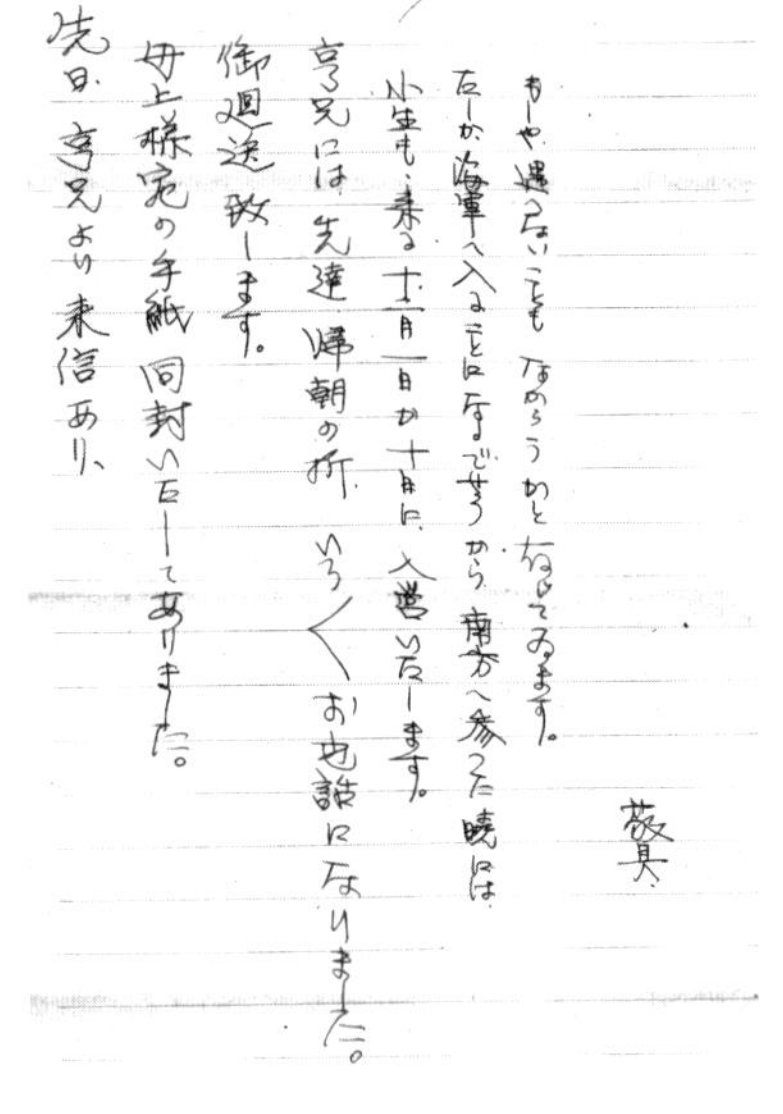
敬具
もしや遇へないことも有らうかと存じてゐます。
たしか海軍へ入ることは確ですから南方へ参った暁には
小生も来る十二月一日か十日に入営いたします。
亨兄には先達帰朝の折いろいろお世話になりました。
御廻送致します。
母上様宛の手紙同封いたしてありました。
先日、亨兄より来信あり、

手紙（昭和18年11月20日／わだつみのこえ記念館提供）

兄には先達、帰朝の折、いろ〳〵お世話になりました。小生も来る十二月一日か十日に入営いたします。たしか、海軍へ入ることになるでせうから、南方へ参った暁には、もしや遇へないこともなからうかと存じてゐます。敬具」というものである。これによれば信は、海軍に配属されるものと予想していたらしい。入営は12月1日か10日としているが、陸軍は1日、海軍は10日。そして信の入営は1日、陸軍であった。

再び少し脱線する。平成30（２０１８）年10月6日、私は、明治学院の元学院長で『百年史』を執筆された故久世了先生と、現学院長である木暮修也先生からお招きを受けて、東京白金にある明治学院のキャンパスを訪れた。構内のチャペル（礼拝堂）で、久世先生が学院長時代に設置されたパイプオルガンのコンサートが催されたのである。チャペルや明治22（１８８９）年頃に建てられたという国の重要文化財インブリー館、図書館など、信を育てた環境を是非、自分の目で見て雰囲気だけでも味わっていただきたい、というお二人の御厚意であった。季節はずれのとても暑い日であったが、ありがたいことに久世先生は、学院の卒業生である島崎藤村作詞の校歌碑、学院長が執務するインブリー館、長く2代目の学院長を務めた井深梶之助名誉総裁の胸像など、構内を丁寧に案内してくださった。また木暮先生にお会いすることができたのも幸いであった。

中でも秀逸はチャペルであった。大正５（１９１６）年の竣工で、古色に溢れており、十字形に黄色のガラスを配したステンドグラスから柔らかい光が注ぎ込んでくる。久世先生の隣に私は座った。コンサートが始まり、背後の、それも２階の高い位置から、音量豊かなパイプオルガンの神々しい音が降り注ぐように体を包む。信が在学していた頃、パイプオルガンはまだ

1931年以降に撮影されたチャペル内部
（明治学院歴史資料館提供）

創建当初の明治学院礼拝堂／北側から撮影
（明治学院歴史資料館提供）

左：インブリー館　右：歴史資料館（令和元年12月撮影）

なかった（平成21〈2009〉年奉献）。当時、リードオルガンが音を響かせていた。私はこの場所で祈りを捧げている信が、ふと目の前の席に座っているような気がした。この場所で信は、大きな安らぎを得ていた。そして神への信仰をさらに強めていったのだ……私はそう感じた。神への信仰の萌芽は、故郷の会津中学校時代にあり、変節を経ながら明治学院で成長を遂げて信の中に定着していった。そんなことを実感した貴重な一日となった。

6　入隊・館林教育隊時代

以下『百年史』などから要約する。父の敬治は、信が入隊した日から好きなタバコをぷっつりとやめたという。信は軍隊に入るのならば陸軍より海軍を望んでいた。親友広木仙也によれば「信の実家近くは、いわゆる赤線地帯で、日曜日になると兵隊が大勢日中より出入りしていた。感受性の強いhumanistの彼が、その事で心を痛めていたと思います」と『百年史』編さん係宛の手紙に記している。小学生の頃から会津若松に駐留してい

見習士官当時の信
（明治学院歴史資料館提供）

た陸軍部隊（二十九連隊・六十五連隊）の演習振りなどを見て信は「歩兵はいやだ」と友だちと話していたというし、またボート好きということもあって、陸軍よりも海軍という気持ちがとても強かったようである。先の11月20日の手紙にも「たしか海軍へ入ることになるでせうから」と書いている。しかし、皮肉にも頑強な信は、甲種合格となって陸軍入りとなった。

陸軍に入った信は、幹部候補生試験を経て、まず神奈川の熊谷陸軍飛行学校相模陸軍飛行場で訓練を受けた。その後、特別操縦見習士官（第2期）を志願して合格し、昭和19（1944）年2月に群馬県にある熊谷陸軍飛行学校館林教育隊に入った。

特別操縦見習士官（特操）制度とは、陸軍が海軍の飛行予備学生制度にならって、航空将校を大量に速成するため設けたものである。信は2期生であった。特操は大学などの高等教育を

館林飛行場全景（国土地理院より）

受けた学生などを対象としていたものであり、将校への早期昇進の道ともなった。

飛行機乗りになること自体がとても危険な道であったが、信が敢えてそれを志願した背景には、兵士同士の白兵戦が避けられない歩兵部隊など、自分には到底耐えられない、という気持ちがあったからと思われる。これを裏づけるように「俺は航空隊に転科したことに、一つのほつとした安堵を感じる。つまる所は同じかも知れないが、直接に手をかけてそれを行はなくてもよい、といふことだ」と、自分の気持ちを正直に昭和20（1945）年1月18日の『日記』に記している。

左端が現存する給水塔（松平正敏『関東学園の五十年』芦書房　1973　館林市史編さんセンター提供）

今も残る給水塔（平成30年秋撮影）

信が所属した館林教育隊について、特操3期の土田重鎮（後に歴史学者で東京大学名誉教授、国立歴史民俗博物館館長）は次のように書いている。

「飛行学校の教育はきびしかった。『お前たちは消耗品である』という一言に始まる訓示を皮切りに、死ぬことだけが生き甲斐といったような訓練がつづいた。（中略）数箇の教育隊を廻ったが、最もきびしかったのが館林教育隊であった。ここは徹底して消耗品速成教育を施した隊で、一切の娑婆気を禁じた（後略）」（『百年史』P408 東大十八史会：1968：P4）。

館林飛行場敷地内にあった航空神社跡（平成30年秋撮影）

信らも隊長から「我等ニハ夢ガ多過ギル、ト。ソレカラ酒色を絶テ。ト。」（『修養録』5月2日）と言われ、「我等ノ愛国心ノ欠くるヲ厳誡」（同 5月7日）された。また、父母兄弟からの手紙はとって置くことができず（『日記』6月3日）、断腸の思いで焼き（『修養録』5月11日）、母が送ってきた宗教書などは取り上げられる（『日記』5月23日）など世俗を徹底的に排除した生活を余儀なくされている。

他の資料を追記する。特操二期会によって編纂された回顧録『積乱雲』（１９８２）には館林教育隊に関する詳しい記述がある。信と同様、特操２期の一人、川畑博は次のように述懐している。

「私は同期生約四〇〇名と共に教育を受けたが、ここでもまた初年兵時代の思いあがりの常識のない上官と同様、狂気に近い低能な教育を再び味わった。この時の教育隊の隊長の処置に心からの憤りを感じた。それは戦後ソ連での日本軍浮虜生活中の最大の悲惨事件であった『暁に祈る』に近いものとして新聞でたたかれた、かの『航空眼鏡事件』を体験した。すなわち眼鏡が紛失したのに事件が表面に出ない前に申告者がいない、軍隊の隠語で云えば員数をつけられなかった者がいた。陛下の兵器をなくしたと云う理由にてその班だけなら仕方がないが、関係のない者まで全員が寒い三月半ば（筆者注：５月の誤りか？）の日曜日に十二時間営庭で直立不動の姿勢を強いられ、食事はおろか生理現象の処理にも困り果てるほど立ちっぱなしである。教育隊長は自室で昼間から酒を飲み泥酔しており、我々を見るにみかねた将校が連絡に行ったところ、処置なしでこのまま命令通りにするほかなしと相成った。私は軍隊の指揮の要諦はまず指揮官自ら範を示し、真っ先に死地に飛び込む気概を要すと教えられていたのにこのざまは何事だと軍隊を信じていた自分が悔いられた」(『積乱雲』P71)。

文中の「航空眼鏡事件」は平成7年(1995)に全国公開された出目昌伸監督の映画『きけ、わだつみの声』にも登場した有名な事件である。信は『日記』と『修養録』の両方に記載している。信の『修養録』5月30日には、「昨日、眼根事件アリ。朝八時ヨリ夕方十九時マデ営庭ニ立ツ。不動ノ姿勢ナリ。スリ変ヘタ者出デズ。全部デ責任ヲトリ、血書ヲ書イテ提出」と記した。また信と特操同期、館林で一緒に学んだ上原良司は、立たされた5月29日の『修養反省録』に、大きな字で一言「恥辱の日!」と、激しい感情をもって記入している。

信は一部の操縦教官と助教に深い感謝の念を抱きつつも、軍隊に批判の目を注いでいる。厳しい状況の中でも、信は『日記』『修養録』を書き続けた。自分の思ったままを手紙や日記に書くことは困難で、時に危険なことであったし、まして軍や隊長を含めた上官、戦争を批判する言葉を書くなど許されるはずもなかった。しかし、驚くべきことに信は上官に提出する『修養録』に「隊長殿ノ訓話、感銘ナシ」と書くなど、上官に反発して負けない強さを持っていた。厳しい環境の中でも書く気力と機会をもって自分を表現した一人であったと言えるだろう。

第3章に、この館林・満州時代に書いた『日記』、そして館林時代に書いた『修養録』を掲載する。

7　満州・松本浅間温泉滞在時代

昭和19（１９４４）年7月20日に館林教育隊を卒業した信は、７月31日付けで第１０１教育飛行隊の中の第23教育飛行隊（満州）に入隊し、満州でさらなる訓練を受けることとなった。様々な夢を描いていた舞台、満州に皮肉にも信は兵士として渡ったのである。

爆弾を装備した飛行機などを体当りさせるという特攻、特攻隊とは、「十死零生（じっしれいせい）」、すなわち攻撃すること、それ自体が乗員の死を意味するものであり、戦史上かつて例のない必死の戦法、部隊であった。昭和19年10月、レイテ沖海戦において海軍の神風（しんぷう）特攻隊によるアメリカ艦船攻撃から特攻隊は登場した。

信が訓練を受けていた第23教育飛行隊も、地上の目標を急降下して爆撃する軽爆撃機（九九式襲撃機など）などの操縦者を養成するためのものであり、近い将来、信が特攻隊員となることは必然であった。昭和20（１９４５）年2月、ついに信は特攻隊に編成される。信の本心がどうであろうと、最終的な決断をし、覚悟を決めなければならなかった。

信が満州で特攻隊に任命・編成されてから信州の松本で滞在した期間、そして最期までの経過を調査し、事実関係をまとめられたのが、きむらけん氏である。近年の同氏の追跡によって、信が所属することになった特攻隊「武揚隊」の動向解明は急速かつ飛躍的に進展した。松本におけるきむら氏の調査がなければ、信の動きの詳細はわからなかったであろう。同氏の熱意と行動、そして惜しみない御協力に感謝し、敬意を表したい。

このきむら氏の成果をもとに、平成25（2013）年に松本市博物館で「戦争と平和展」が開催されるに至る。また平成31（2019）年4月には、鹿児島県の知覧特攻平和記念館で「鉛筆部隊と特攻隊」をテーマの一つとして企画展「子どもたちが見た戦争」が開催されている。ここでは、きむら氏の著作『鉛筆部隊と特攻隊』『忘れられた特攻隊』『と号第三十一飛行隊「武揚隊」の軌跡』『鉛筆部隊と特攻隊　改訂新版』の4冊をベースに、信の動きを簡単に述べてゆきたい。詳細については是非、きむら氏の著作を参照願いたい。

日本本土に比べて燃料の石油と飛行機がまだあった満州で、信らは訓練を続けていた。昭和20年、大本営は沖縄防衛のため、天号作戦を開始する。その動きの一環として、大本営は昭和20年1月26日、満州の第二航空師団に対して、特攻4隊の編成を命令する。これに基づいて2月3日には特攻隊要員の選抜が行われた。この選抜で信は特攻隊員に選ばれ、2月10日に特攻隊4隊（新京（しんきょう）発足特攻四隊）が発足する。この時、信は少尉に昇任している。

信は「と号第31飛行隊」に所属することが決まった。この「と号部隊」には漢字名称もあり、これら特攻4隊は、それぞれ蒼龍隊・扶揺隊・武剋隊・武揚隊とされ、信は山本薫を隊長とする武揚隊に配属された。同2月10日午前、信らは、第８００部隊司令部にて故郷への思いや決意を述べる一人3分のレコードを吹き込んだ。戦後、ＮＨＫがこのレコードを発見し、復元を試みたが、遺存状態のよい一部の兵士のもののみ復元可能で、残念ながら信の肉声は復元できなかった。

九九式襲撃機

同日午後から満州国皇宮で、皇帝愛新覚羅溥儀（あいしんかくらふぎ）に拝謁した後、皇宮内にある天照大神を祀った廟に参拝。翌11日、特攻隊員60人は、関東軍司令部に出頭し出撃申告。次いで飛行場にて正式に命名式。ここで4隊は、台湾の台北に司令部がある第8航空師団へ配属されることとなり、通称号「誠」の部隊名が付けられる。武揚隊は誠三十一飛行隊（九九式襲撃機搭乗）とされた。第8航空師団とは、台湾及び沖縄を含む南西諸島の航空作戦を担当する師団である。これによって信らは、この後、本部のある台湾へと向かうこととなった。

2月17日、新京を離れ、朝鮮の平壌（ピョンヤン）・大邱（テグ）経由で福岡県の大刀（たち）

洗へ向かう。19日には大刀洗から岐阜県各務原に着いたが、近隣の名古屋の空襲が激しいため、20日には各務原から積雪の長野県松本へと到着している。

武揚隊が本部のある台湾へ直行せず、一旦、本土に向かったのは、搭載爆弾の重量増加の改修を行うためであった。この後、信らは松本北東部の温泉地である浅間温泉で約40日間を過ごしている。そして、この改

富貴之湯（当時の絵葉書より）

装滞在期間中、隊員らは東京の世田谷から疎開してきた世田谷東大原国民学校の大勢の女子学童などと触れあい交流している。信らは浅間温泉の中で最も大きかった旅館の一つ「富貴之湯」に宿泊したが、この旅館には187人の女児が割り振られていた。

この学童たちとの交流を、きむら氏は地元に残された写真や関係者からの聞き取りなどによって明らかにしている。詳細は同氏の著作に譲り、ここでは信に関する点のみ触れておく。信の人柄、人となりを表すいくつかのエピソードが語られている。富貴之湯に疎開していた秋元佳子さんの話である。

「散歩に行ったときにいつもどおりみんなで腕にぶら下がっていたんですよ。そのとき向こうから長谷川少尉さんが来られたのです。そしたら海老根伍長は私たちの手を振り払って、気をつけをして敬礼をしたんですよ。そしたら『子どもと一緒に遊んでいるときはそんな敬礼なんかしなくてていいんだよ』と言っていましたね」

「長谷川少尉さんは丸顔で、私たちの間では人気のある人でした。それでついお願いをしたんですよ。富貴之湯まで飛行機で飛んできてほしいって……」

「それで三階のもの干し場で友達と一緒に待っていたら、裏山の桜ケ丘の上に急に飛行機が現れたんですよ。翼の赤い日の丸が見えました。その飛行機がビュウンと音をたてて飛んで来て、旅館の上を低空で旋回したのです。旅館は三階建てでその飛行機が目の前を飛んで行くのです。長谷川さんが操縦席に乗っているのが見えました。飛行眼鏡を掛けた長谷川さんが手を振るのですよ。それがはっきり見えました……」

「それでもの干し場には棹があったので急いできれを巻いて、それをぐるぐる回したんですよ。そしたら長谷川さんもこれに応えて翼を振るのです。」

「それでその日、長谷川さんが旅館に帰ってこられて『しぼられちゃったよ』と。山本隊長さんに叱られたらしいのですよ……」

「長谷川さんと私たちは仲がよかったのです。……毎晩のように来られました。それでキャラメルとか、氷砂糖とかもらいました。勉強もみてくださいました。」

（以上『と号第三十一飛行隊「武揚隊」の軌跡』P61〜64）

これらは長谷川信の人となりを語る貴重な証言である。私は、軍隊生活の中で、この松本こそ、信が一時的であれ心がほどけ、本来の自分を取り戻すことができた唯一の場所であり、かけがえのない時間であったと思う。

後に述べるが、母シゲは、3月末（？）信に会うため、会津若松から松本飛行場に面会に行ったが会えず、宿舎の富貴之湯を訪ねた。最後の帰郷で何も告げずに行った我が子に、どうしても会うためである。しかし、無念にも信は、既に松本を飛び立った後であった。その富貴之湯で「宿の人から他の飛行隊員が酒と女で楽しんでいる間も、かれが静かにひとり近所の子どもたちを相手に遊んでやっていたという話を聞いたとのことである」（『百年史』P416）。

「近所の子どもたち」とは疎開していた女児たちのことであろう。超低空飛行といい、子供たちとの触れあいといい、信らしいやさしさに溢れた行動ではないか。超低空飛行はまずいとわかっていながら実行するところに、信のやさしさと強さを同時に見る思いがする。また他の隊員が「酒と女で楽しんでいる」時に、それに加わらなかったという話は、昭和18（1943）年正月の会津若松清亀楼での信の姿と重なり合う。

さらに、きむら氏の調査によって、松本滞在中に書かれた信の貴重な遺墨が発見されている。松本時代の信の姿を写した写真は、現段階では見つかっていないようであり、遺品としては唯一のものである。遺墨は色紙に認められたもので「信＋脇句（男）＋信＋結び（女）」と、計3人の手による連句である。

征きゆきて　生命死にゆかむ
　　日もあらば　（信）

（もう明日には私はここを出発して行きます。今度、飛行機に乗って征ったならば、私の命はきっとないでしょう。

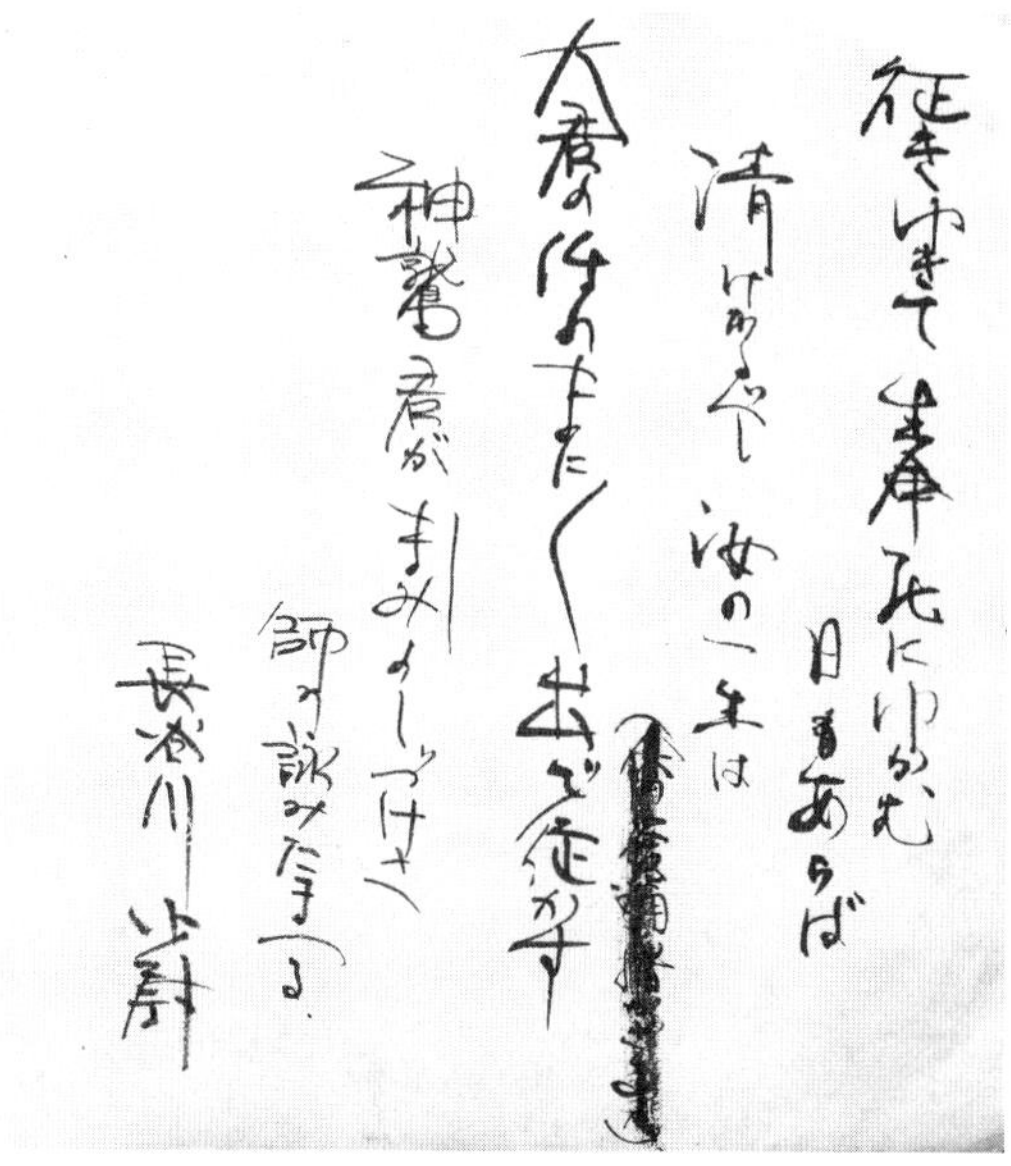

信の遺墨（きむらけん氏提供）

その日が巡ってきたならば）
清けかるべし汝の一生は　（男）
（生きていると人は汚れていくものだが、しかし、若くして征く君の一生は清浄だ）
大君の任のまにまに出で征かす　（信）
（私は今まさに大君の命令のまにまに出撃して征こうとしています）
神鷲君がまみのしづけさ　師の詠みたまへる　（女）
（「神鷲になろうというあなたの目は悟りきったように澄んでいました」と、私の師匠が詠んでいましたが、まさにあなたの瞳は澄みきっていますね）
というものであった。最後に「長谷川少尉」の名が見える。

8　最後の帰郷　出撃そして最期

松本浅間温泉での待機の期間に、幸いにも当時の例にならって信の最後の帰郷が許されている。3月の終わり頃と思われる。

「かれは当時結婚することに決まっていた妹ヒロへの祝いの品を携えて会津若松の家に帰った。いよいよ明朝出発という夜、会津中学の小林貞治教諭宅を信は訪れた。同教諭に信は英語を習い、ボートの指導を受けたのだったが、同教諭の敏子夫人も信にとっては小学校時代の恩師であった。そのような関係から､信は特に小林夫妻と親しくしていたのである。信の口から、特攻隊員として日ならず出撃することを打ち明けられ、夫妻はかれの人柄をよく知っているだけに不審にたえず、その心境を問いただした。信はただ『遅かれ早かれ同じことです』とだけ答えたという。信はこのことは両親には知らせないでくれと頼み、それと同時に上官にとりあげられた『歎異抄』の代りの一冊とそのほか何冊かの本を所望した。

この最後の帰郷の際、信は特攻隊のことをついに両親に話さず、小林夫妻のほかは当時疎開にきていた佑の妻キヨに知らせただけだった。しかし、さすがに両親はただならぬ気配を感じたようであり、父敬治はそれまでになかったことであるが、この時は信と蒲団を並べて寝たという」（『百年史』Ｐ４１５・４１６）。

信が『歎異抄』などの本を所望したことについて、小林先生から『百年史』編集係に送られた書簡には「翌朝、（会津若松）駅に行き、まだ開いていなかった切符売窓口のカウンターに（本を）並べて欲しいのを取らせましたら四冊選んだと記憶しています」と記されている。

この帰郷した時の信の様子を間近で見ていて、その時の様子を語ってくださったのが、小林先生のご子息、正典氏である。正典氏は会津中学校から東大に進み、卒業後は東大生産技術研究所、高エネルギー物理学研究所などに勤務され、平成28（２０１６）年度には日本真空学会賞を授与されるなど、日本の真空科学の分野などでご活躍されている。また正典氏は、会津高等学校端艇部創立百周年記念誌『一艇一心』に父・端艇部員との想い出などを書いた「小学生の見た戸ノ口」を寄稿されている。

正典氏は信が実家（小国屋）に泊まった翌朝、千石町にあった小林宅を訪ねてきた時の様子を記憶されており、今から十数年前のＮＨＫの番組「小さな旅」に出演されて、当日の様子を語っている。ＮＨＫで放送された手紙は次のようなものである。

「毎年8月になると思い出すことがあります。昭和20（１９４５）年の夏前だったと思います。私は4歳になっていました。来客があり、客間の襖をソーッと開けると父が『ご挨拶しなさい』といつもより沈んだ声で言いました。背筋を伸ばし、きちんと正座した若者の姿が見えました。父は居住まいを正し、母も父の横に座っていました。３人の普通でない雰囲気が4歳の子にも感じられました」。張りつめた雰囲気が伝わってくる。

さらに正典氏から私宛に届いた別の手紙には、「はっきり覚えてはいませんが（若者は）『しっかり正しく生きて行きなさい』というようなことを私に云われたような記憶があります」。また後日、両親に聞いた話として、次のような客間での３人のやりとりも記されていた。「（特攻隊に選ばれたことを）両親に告げたのか？」「父には告げた。母には長いこと世話になって有難うと告げた。夜、３人とも黙って横に並んで寝た。母は異常事態を心で感じていたと思う」「やがて玄関で黒靴を履き玄関の引き戸を開け、再び直立不動に姿勢を正して深々とお辞儀をし、家を後にしていきました。父も母も玄関から外に出て堅三日町の方への角を曲がり後姿が見えなくなるまで見送っていました。普通の客人なら、玄関先での挨拶で済ませるのですが」。「午前の陽の入る客間に『それまでに見たことも無い大人がそこに居る』とその存在感を幼児ながら感じました。あれほどの存在感を感じさせる『見たことも無い大人』は私のその後の人生で出会ったことはありません」。「この経験・印象は私のその後の人生の記憶の底にずっと残っています」「多くの人々が第二次大戦という事実だけでなく若しくて死んでいった多くの若者の無念の気持ちに寄り添ってくれればと思います」と書かれていた。

再びＮＨＫの放送に戻る。「何日か後、父と母が涙声で話すのを聞きました。若者が南の空で特攻隊員として亡くなったこと、母に小学校で、父に旧制中学校で習ったので、最後の別れに挨拶にみえたこと。またその晩、若者は実家で両親と床につき、特攻隊に選ばれたことは一言も言わず、ただ『世話になった』と、短く言って寝たそうです。若者が『自分が死んだら猪苗代湖の見える所に埋めてくれ』と言っていたため、湖畔に石碑が建ったのを、その後聞きました。石碑は猪苗代湖、十六橋が見える所にあるはずです。近くお参りしたいと思っています。それは、あの緊張した時間をあらためて思い起こさせる旅であると同時に、今年、定年退職した私にとって、重みのある旅になるだろうと思います」と放送され、番組では正典氏が碑に献花し、焼香する様子が映し出されている。信は強烈な印象を幼い正典氏に残し、その後の人生に大きな影響を与えたのである。

この最後の帰郷に関して、弟の明は「信は特攻出撃の途次、家で一夜を明かした翌日『誕生日に新聞を見て呉れ』と父にだけ言い残して……往生期日を指定し、約定どおりに逝った」と記している（『一艇一心』P37）。『百年史』・正典氏・明氏に若干の差違はあるが、出撃のことを母親に伝えなかった点では共通している。

『百年史』は次のように続ける。

「信は予定通り翌朝早く、会津若松駅を出発した。かれは、小林夫人から四冊の本を受け取り、改札口を通るとうしろをふり返ることもなく姿を消していった。このあと母シゲは小林夫妻に信が話したことをしつこく尋ね、信から口止めされている夫妻を困らせた。そしてついにたまりかねたシゲは、信がいると思われた（松本の）基地まであとを追っていったという。だが、結局信にあうことはできず、ただかれが泊っていた宿の人から、他の飛行隊員が酒と女で楽しんでいる間も、かれが静かにひとり近所の子供たちを相手に遊んでやっていたという話を聞いたとのことである」（『百年史』Ｐ４１６）。

自分が置かれている状況を、父親と敬愛する恩師夫妻にのみ伝えて、後ろをふり返ることもなく信は故郷を離れた。この後、信は松本から国内の基地を飛び継ぐが、その途中にも小林夫妻に何枚かの葉書を送っている。それらの葉書の文字に乱れはなく、それを読んだ敏子夫人は後に、

「特攻機にて飛び立つ前の乱れなき葉書の文字がわれを泣かしむ」

「特攻機にて基地発つ君がよこしたる最後の文字『シアワセデシタ』」

という短歌を作っている。

信の「シアワセデシタ」を、一体どう受け止めたらよいのであろうか。最後の帰郷における信の落ち着いた様子や、これらの葉書は、ついに祖国を離れ、出撃に向かう人生最後の決意を伺わせるものがある。

信の松本から与那国島上空での最期までの経緯については、これも最近、きむら氏によって、新たな事実が明らかにされている。それは武揚隊隊長の山本薫中尉と陸軍航空士官学校の同期で、武揚隊と行動を共にした菱沼俊雄氏が、昭和25（1950）年に武揚隊の動きを克明に記した手記「山本薫君の御霊前に捧ぐ」を、山本家の御遺族に届けたからである。これによって、最期までのより正確な経緯が判明した。そして、この手記は平成28年に山本氏の御遺族から、きむら氏のもとにもたらされた。

きむら氏の著作と『百年史』にやや差違はあるが、これによって武揚隊の最後の動きを簡単にトレースしてみよう。

まず松本から九州までの動きであるが、3月29日夜、富貴之湯の大広間において、松本最後の壮行会が催された。この宴は疎開していた学童たちも交えて行われ、この席上で武揚隊員たちは自ら作詞作曲した別れの歌を歌った。歌詞には富貴之湯や松本飛行場などが盛り込まれている。3月30日、松本を発ち、岐阜県各務原の航空兵站の宿舎に宿泊。31日から4月2日の間に各務原を出発し、熊本健軍飛行場を経由して宮崎県新田原に飛び八紘荘泊。『百年史』（P416）でも述べているが、この時、信は『日記』、その他一切を故郷に送ったと推定される（きむら：2017など）。

「最後の手紙の末尾には『出撃はちょうど私の誕生日になるんじゃないかと思います』と記してあった」という（『百年史』P416）。

4月3日、八紘荘にて送別会。4日午後、武揚隊員は振武隊員と共に宮崎神宮へ参拝する。写真はその時の山本隊長らの記帳である。社務所で出陣式。そしてこの夜、祖国最後の壮行の宴が催された。

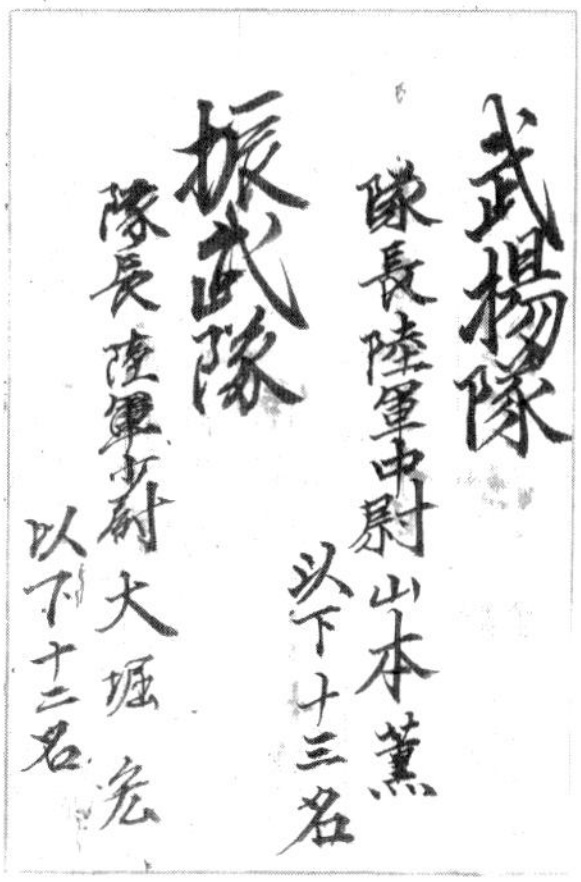

宮崎神宮参拝時の記帳
（きむらけん氏提供）

4月5日、ついに祖国を離れる日を迎える。新田原から済州島へ飛び宿泊。6日、済州島を発ち、上海大場鎮飛行場へ。航空兵站宿舎泊。7日、上海を発ち杭州へ向かう。11日、力石少尉を含む武揚隊の第一陣4機がまず杭州を発ち、無事に台湾着。

そして信の最後の日。4月12日、午前5時半、トラブルで予定より遅れて、信ら6機は台湾に向けて杭州を出発した。そして与那国島上空で敵機の大群と遭遇。たちまちグラマン戦闘機の攻撃を受けて墜落した。この時、長谷川信・西尾勇助・海老根重信の3人が死亡している。「死の一瞬には仏の傍らに召さる、俺の姿を見て死にたい」と『日記』に書いた彼の祈りは、叶ったのか。

長谷川信の23年という短い命は、ついに南洋上空で果てた。奇しくも誕生日と同じ日であった。公式記録で信は、「四月十二日、与那国島北方洋上で戦死」とされた。信は「特攻死」ではなく、「戦死」扱いで、この世を去ったのである。

なお生き残った武揚隊の中村欣男氏が残した記録「中村メモ」によると、信の出撃から戦死するまでの経緯は次のとおりである。菱沼氏の記録とは異なる部分も見られる。

「夜明け前に台湾に着陸の予定がおくれたため、すでに洋上に出て三十分で夜は明けた。各編隊は隊長機を先頭にがっちり編隊を組み台湾に進路をとり前進する。（中略）台湾北端の島影を発見して約五分位前進した時、海上すれすれに北進する敵の救助捜索隊を発見したがこれにとらわれず前進し、おおむねこの機とすれ違うと同時に、上空に敵グラマン約二十機を発見した。そこで隊長はすばやく編隊をとき戦闘準備にかかるよう命令する。私たちの機が高度をとるために分散すると同時に、グラマンは攻撃に転じた。私たちは高度をとる余裕もなかったので、二〇〇〇メートルの高度で応戦、第一回目の攻撃では三機が火を吹いて海上に突込んで行った。第二回目の攻撃では私たちの機は高度を保ち攻撃に転じたが、約三倍の敵機と交戦するにはあまりにも劣勢であった。またたく間に二機が、そしてまた一機と、遂に残るは三機となった。

私は交戦中敵機を左に追撃しようとした時、右上空よりまともに攻撃され、右肩をうちぬかれ、左腕に盲貫、顔面に破片による裂創を負い戦闘不能となり、低空飛行で与那国島に向かい不時着した。従って友軍機のだれがいつ撃墜されたかは空中戦闘中のため確認されていないが、長谷川君もこの時戦死したものと思われる」（『百年史』Ｐ417）。

9　終戦　猪苗代湖畔「祈りの碑」

猪苗代湖北岸の十六橋を東に渡った先、戸ノ口集落に行き着く前の左の道ばたに、ひっそりと「長谷川信碑」はある（Ｐ20参照）。

長谷川信碑

戦争が終わって、昭和21（1946）年度に、戦後初の会津中学校端艇部の主将として部を再興した信の弟、明の記憶によれば、信の「遺髪箱は、終戦年の晩秋、式場（市内某寺）まで老いた両親に代わり、私が受け取りに行った。生涯に初めて信を抱いた。白箱には遺書一葉があり、『猪苗代湖の見える所に埋めてください』と一行あった」と述べている（『一艇一心』P37）。

母シゲは、信の戦死の公報が届いた時、かつてないほど取り乱したという。父敬治は、信が日本を離れる直前に、宮崎県新田原から送ってきた日記類を読み耽った。

昭和19（1944）年5月16日の『日記』に信は、「死んだら小石が浜の丘の上に、あるいは名倉山の中腹に、または戸ノ口のあたりに、中学生の頃ボートを漕いだ湖の見えるところに、石碑を立てて分骨してもらはうと思ふ」と記していた（P20参照）。両親の信に対する愛惜の念は、日とともにつのり、やがて年老いた両親は、信の遺言と言ってよい「猪苗代湖畔に石碑を」との願いを、どうしても実現しようと決心した。石碑の建立には家族以外の人々も関わった。その一人、信が最後まで敬愛した小林先生は石碑建立の経緯について、このように書き残している。

「戦争は終わった。台湾近くの与那国島近辺の海上で戦死したことになったがどこの海底に眠っていることだろう。モンタ婆さんがよくいっていた。『信ちゃんが一人で来ては泊ってゆくのだけど、俺は戸ノ口

小石ヶ浜から戸ノ口（中央）、名倉山（右の丸い山）を見る。後方中央は磐梯山。

完成時の記念写真（昭和23年5月）前列左から兄佑、弟健、碑をはさんで右端が父敬治、中列左から２人目白い和服姿が母シゲ、後列右側ネクタイ・背広姿が小林貞治先生。

だけが好きだ。いつか死んだら湖水の見える所へ埋めてもらいたいなんていうので可哀そうになってしまう。ほんにどういうわけなのだろう』と。戦死となってそれを思い出し、遺骨はないが、生前の願いなので家族やモンタ婆さん達と土地を物色したが、湖水のよく見えない平地の畑中に碑を建てることになって残念で気の毒である。夏は畑作に囲まれて道行く人の眼にとまることも少なかろう」（『会高通史』Ｐ１２４～１２５）。

信は一人で戸ノ口を訪れ、思索に耽ることが度々あった。「信に会いたいなら戸ノ口へ行け」が会津中学校の仲間の合言葉であったし、また卒業して東京に出てからも、帰郷の度に戸ノ口へ通った。戸ノ口は、信にとってかけがえのない回帰の場所であった。「信君ほどボート部と戸ノ口を愛した人はいなかった」（広木）のである。

両親や親族、小林先生、長谷川家とつきあいのあった地元戸ノ口に住む秦氏らの協力を得て、昭和23（１９４８）年5月に石碑は完成している。これまで碑の完成は、昭和21年5月とされてきたが、小林正典氏から私宛の手紙に23年とあり、また氏が所蔵していた完成時の写真にも「23年5月」のメモ書きがあったことから、御遺族の確認を経て、昭和23年が正しいということが最近、判明した。

碑文は、彼の『日記』から両親が選んでいる。それは、昭和19年7月20日の館林教育隊卒業の日の文である。

長谷川信　碑

俺は結局凡々と生き凡々と死ぬ事
だろうだがたった一つ出来る涙を
流して祈る事だそれが國泰かれか
親安かれか知らない祈る事なのだ

大正十一年　　　会津若松市に生れ
昭和二十年　四月十二日　沖縄南方上空に散る

最後の「沖縄南方」は、厳密には「与那国島北方」の誤りである。私は残された『日記』などの中から、両親がよくぞこの一文を碑文として選んでくださった、とつくづく感じ入っている。

どうにもできない環境の中で、信はいかにして現実を自分の中で捉え、理解し、心の安静を得ようとしたか。会津中学校での内観。キリスト教主義を標榜する憧れの同志社大学への進学。喜多方中学校時代に書いた「戦場にもバイブルは持っていきましょう」の手紙。日本最古のキリスト教主義に基づく明治学院への進学。そして入隊後の『日記』の中で、繰り返し述べられる『聖書』『歎異抄』、神仏への祈り……等々。言うまでもなく彼の根底にあり、最終的に依拠していたものは一貫して宗教・信仰であった。軍隊という束縛の中で、彼は、もうひたすら「涙を流して祈ること」しかできなくなっていったし、その祈りが彼を救った。人生の懐疑を突き詰め、最終的には神仏への祈りを捧げ続けるしか救いの道はないほど追い込まれていった。

碑文の1・2行目。死ぬ前の年の夏、7月20日の段階で彼は『日記』に「俺は結局、いい加滅に凡々と生き凡々と死ぬだろう」と、死ぬまでの自分の人生を表現している。一方で「俺の目指すべき境地は〝偉大な凡俗〟（5月22日『日記』）とも書いている。これは、それまで『歎異抄』などを通して信がたどり着いた一境地であると考えられる。これについては第3章（4）で触れる。

碑文の2行目から最後にかけて……親や愛する人々のためになるのか、日本のためになるのかわからないが、自分にはもう涙を流して祈ることしかできない。自分はもう（特攻）兵士という形でしか国や家族に尽くすことができない。生きていれば、この現世で様々なことができるであろうが、自分の命はもう終わってしまうのだから、私に残されたのは、ひたすら祈ることのみ。私の祈りが愛する人々や故郷に届きますようにという思いであろう。

両親は、信を最もよく表す「祈る」という言葉が含まれた遺稿を『日記』から選び抜き、掬い上げて、我が子がこよなく愛し、希望した戸ノ口の碑に刻んだ。「俺は戸ノ口だけが好きだ」と言っていた信にとって、これ以上の慰霊の地はない。戦争で我が子を失った親の悲しみと無念さ、平和への強い思いは、信の祈りと一緒になって、この「祈りの碑」に永遠に刻み込まれたのである。

弟の明は「馴れ親しんだ懐かしの小道端、湖水の香りは、日々碑にまつわり吹いて、至福の安らぎを楽しんでいることと思う」と亡き兄を偲んだ（『一艇一心』P37）。信の人生は23歳というあまりにも短いものであったが、自分が最も愛した地に眠ることができたのは、せめてもの救いであった。「信さん、本当によかったですね」。私は石碑を訪れるたびに、そう語りかけ首を垂れる。

建立当時は湖畔脇の畑中に建っていた石碑は、その後、道路建設に伴い、現在の位置に移設されたという。移動距離は東に約50m。湖水からはさらに離れてしまったが、正面をわずかに斜めにして、南西方向の湖を向いている。今、湖岸には木立があって直接見ることはできないが、対岸には、青春を燃やした会津中学校端艇部の艇庫跡などがある。また艇庫裏の丘にある墓地には、信がお世話になったモンタ婆さんが眠っている（第1章2）。2人は今どんな話をしているのだろう。

この碑については後日談がある。信の『日記』（写し?）を『わだつみ』編集部に送ったのは、会津中学校の同級で後に牧師となった浅野恒である。昭和17（1942）年末頃から始まった工事による湖水面の低下で、艇の出し入れが困難となったことなどから、戸ノ口の艇庫は廃止された。そして戸ノ口から遠く離れた湖西側の中田浜に生徒用の会館（学而会館）や艇庫などが造られることになった。その時浅野は、当時、会津高等学校に教諭として勤務し、後に昭和

長谷川聡氏（左）と秦真一氏（右）

60（1985）年度から同校校長を勤めた星野俊一に次のような手紙を送っている。それは移転に伴って信の石碑も中田浜に移転して欲しいというものであった。

「将来建設される中田浜のところに戸ノ口にある長谷川君の記念碑を移すことを考えていただけないだろうかというのが私のお願いの趣旨でございます。この事は長谷川君の意志であること。また学校の後輩のためにも是非望ましいと私が考える次第です」というものである（『学而新聞』第178号）。

浅野の言う移転が、信の意志かどうかは不明である。この件について、戦後間もなく会津中学校の講師となって端艇部に関わり、後に会津若松市長・端艇部後援会長となった高瀬喜左衛門は「ご遺族と相談したら、今の儘にしておくことを希望された」と経過の一端を述べている（『一艇一心』P39）。

石碑は戸ノ口に残ったのである。『日記』に込められた戸ノ口という土地への信の強い思いや経緯を見れば、戸ノ口こそ最もふさわしい土地であり、戸ノ口以外の土地はあり得ない。私は、戸ノ口に残って本当によかったとしみじみ思う。そして、この経過の中にも、両親の我が子に対する深い理解と愛情を感じとる。この後、父敬治は昭和27（1952）年に、母シゲは昭和29（1954）年に信の後を追った。

現在、この碑は御遺族の長谷川聡氏、及び戸ノ口に住む秦真一氏が清掃などの管理をされている。秦家は石碑建立の際に土地を提供した家であり、信の定宿でもあった。弟の明の述懐によれば、信は秦氏宅に多くの書物を持ち込んで読んでいたという（『一艇一心』P37）。令和元（2019）年9月、現地で真一氏にお会いした時、石碑が建設された時の状況や移設の理由などについてお話を伺うことができた。長谷川家が縁故を頼って秦氏の持つ土地を求めて建立されたという。また新たに湖岸に開通した国道49号線と石碑前の旧国道を結ぶ道路の建設に伴って、石碑は現在の位置に移されたらしい。

小林貞治先生の妻で、信の小学校2・3年次の担任でもあった敏子夫人は、信をしのぶ短歌を作り、「湖畔の碑」と題する次の十首が『短歌研究』誌の昭和42（1967）年9月号（P87）に新人賞佳作作品として掲載されている。10首目に見える「幼児」とは、御両親と共に駅に送りに行ったご子息の正典氏のことであろう。

湖畔の碑　　　　　　　小林　敏子

特攻機にて飛びたつ前の乱れなき葉書の文字がわれを泣かしむ
特攻機にて基地発つ君がよこしたる最後の文字「シアワセデシタ」
死ぬる為に君生れ来しや戦死せる幼き面輪に香華はのぼる
湖（うみ）近き芒の中に君が碑を見出でて佇ちぬ霧深き中
生と死に別れてここに二十年碑（いしぶみ）に顕つ君がおもかげ
「わだつみの声」に載りたる君がことば彫りし碑面に雨横しぶく
君が碑をかこみて高く繁り立つ芒穂群に風渡りゆく
ゴム長とシャベルを持ちて訪ね来し君の碑の文字雪原に冴ゆ
雪原に黒く小さく碑は浮かび湖畔の道を今は離りぬ

駅に君を送ると背負ひし幼児も空に果てにし君が年となる

10 「兵戈無用」碑

会津若松市日新町にある西蓮寺は、真宗大谷派の寺で、長谷川家の菩提寺である。天正2年（1574）の開山と伝える。白藤のある庭園、茶室には会津三代藩主松平正容が度々訪れたという。

境内に入って左に曲がり、墓域に入るとすぐに目に入るのが、長谷川家の大きな霊廟である。信もここに眠っている。もちろん遺骨はない。霊碑には、大正14（1925）年8月に信の父、敬治建立とあるので、信が3歳の時に造られたことになる。格式ある菓子商「小国屋」の霊廟は、西蓮寺の歴代住職が眠る区画に隣接し、周囲の墓に比べて、ひときわ区画も大きい。霊碑の台座や霊碑に至る通路部分の両側には、深い彫刻が随所に施されてすばらしい造りである。長い歴史を有する長谷川家では先祖も多く、毎年、夏に入る前の一日を定めて法事を行っていたそうである。信もその度に西蓮寺を訪れるなどしていたであろう。

西蓮寺境内の南西隅に、信に関係する極めて重要な碑が建っている。蓮如上人五百回御遠忌法要の円成（完全な成就）を祈念した境内の改修造営に伴って建てられた大きな碑で、正面には大きく「兵戈無用」と刻まれている。兵戈とは兵隊と武器、つまり兵戈無用とは「兵隊も武器も用いる事がないこと」、戦争の根絶、平和を願うものである。出典は『大無量寿経』で、その中の一節を用いている。

『大無量寿経』は、法然が『選択本願念仏集』で名称として初めて用いた浄土三部経（無量寿経・観無量寿経・阿弥陀経）の一つ。三部経のうちでも最大で内容も詳しいとされる。法蔵菩薩が四十八願を成就して成仏し、無量寿仏（阿弥陀仏）となったこと、安楽国土（極楽）の壮麗な様子、浄土に往生する人々を修行や徳行の浅深によって上中下に分けた三輩の往生のあり方などを説いたものである。『大無量寿経』では争いの悪も説かれている。この「兵戈無

長谷川家霊廟

用」の前には次のような教えが記されている。

「……天下和順　日月清明　風雨以時　災厲不起　国豊民安　兵戈無用……」

（天下和順し日月清明なり。風雨時をもってし、災厲起こらず、国豊かに民安くして兵戈用いることなし）

仏教の教えが行き届いた所は、国も豊かで、人々の心も安らかであり、争うことがないので、兵隊も武器も要らないのである、という意味が込められている。（秋月：２００２）

兵戈無用碑（台座を含む高さ約２ｍ）

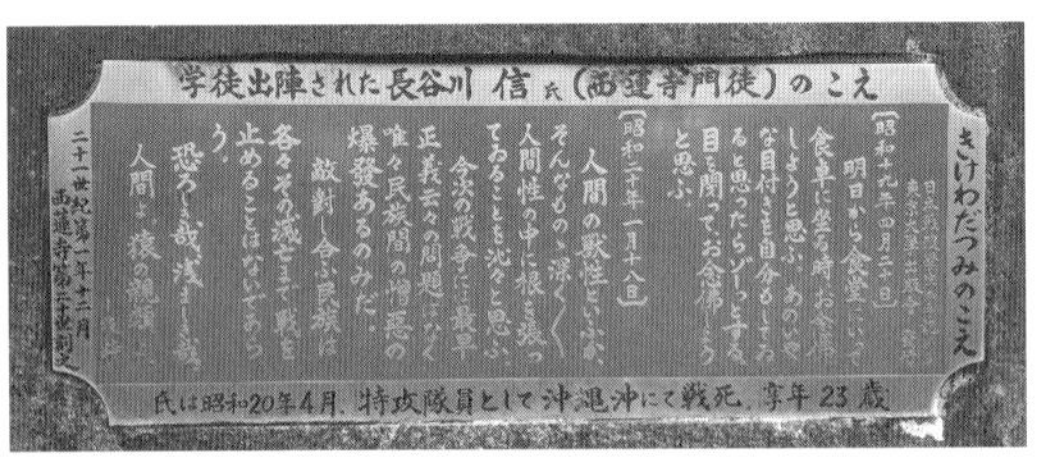

『わだつみ』の一節が刻まれた台座部分

この碑は、西蓮寺第20世住職であった故秋月亭観(こうかん)氏によって、平成14（2002）年に建てられている。

私は亭観氏及び西蓮寺のこうした平和に向けての実践活動に、あらためて心から敬意を表したいと思う。

この碑の正面、兵戈無用の下の台座部分には、『わだつみ』からとった信の文章が銅のプレートとしてはめこまれている。それは、昭和19（1944）年4月20日の『日記』、「明日から食堂に坐る時、お念仏をしようと思う。あのいやな目附を自分もしていると思ったらゾーッとする。眼を閉って、お念仏をしようと思う」、そして、現在知り得る最後の日付、昭和20（1945）年1月18日の『日記』、「人間の獣性というか、そんなもの、深く深く人間性の中に根を張つてゐることを沁々と思う。……（中略）今次の戦争には、最早正義云々の問題はなく唯々民族間の憎悪の爆発あるのみだ。敵対し合う民族は各々その滅亡まで戦を止めることはないで

西蓮寺の本堂に飾られている信の肖像画

あろう。恐ろしき哉　浅間しき哉　人類よ、猿の親類よ」である。信の祈りが行き着く先もまた「兵戈無用」であったに違いない。また碑の裏側には「二十世紀から二十一世紀へ」の文字が刻まれている。なお『百年史』を執筆された明治学院の元学長、故久世了氏も平成14年6月22日、碑の完成を祝うため、ここを訪れている。

また西蓮寺の本堂には、信の大きな肖像画が掲げられている。これは西蓮寺門徒の方が、出撃前の信を想像して描いたということである。

第３章　『日記』・『修養録』

1　『きけわだつみのこえ』と長谷川信に関する資料について

『日記』の現状

『日記』と『修養録』の具体的な検討に入る前に、この2つの資料に関して、予め記しておくことがある。それは『わだつみ』に信の遺稿が掲載されるまでの経過と『日記』に関する現状と課題である。

まず『わだつみ』の前身となったのは、東京大学学生自治会内の編集委員会が編集し、東大協同組合出版部から昭和22（１９４７）年12月に出版された『はるかなる山河に　東大戦没学生の手記』である。平成の終わりにベストセラーとなった漫画版『君たちはどう生きるか』の原作者で、当時、雑誌『世界』の編集長でもあった吉野源三郎の支持もあって、中村克郎を含む日本戦没学生会は、全国から出陣学徒の遺稿を募集した。そして集まった遺稿の中から75人を選び、昭和24（1949）年10月に同出版部から『わだつみ』は出版された。本のタイトルは、藤谷多喜雄（京都府）の応募作「はてしなきわだつみ」をあらためたものである。藤谷の短歌「なげけるか　いかれるか／はたもだせるか／きけ　はてしなき　わだつみのこえ」が本の扉に掲載されている。その後、『わだつみ』は、光文社カッパ・ブックスでも出版され、昭和57（1982）年には岩波文庫に収録された。さらに平成7（1995）年には、改訂された新版が出版され、現在まで版を重ねている。なお『わだつみ』（旧版・新版）には「権力主義の国家は一時的に興隆であろうとも必ずや最後には敗れる事は明白な事実です」、「明日は自由主義者が一人この世から去って行きます」と最後の所感や遺書を認めて特攻死した上原良司の遺稿が掲載されている。先述したとおり、信と上原は館林教育隊の同期（特操2期）であり、同隊で起きた航空眼鏡事件を共に経験している。2人の『修養録』を並べ、比較しつつ読むことで当時の状況はより鮮明となる。

次に信の『日記』が掲載されることとなった経緯について簡単に触れる。『百年史』によれば、会津中学校の同級生で端艇部でも一緒だった親友、浅野恒は職業軍人になっていたが、戦後、無事帰郷して信の死を知り、また信の『日記』を読んで衝撃を受けた。その後、浅野が神学生となった昭和23（1948）年に戦没学徒兵の遺稿募集を知り、信の『日記』を写しとって応募した。それによって信の遺稿の一部が『わだつみ』に収められることになったのである。ただこの時、浅野が『日記』すべてを書き写して編集部（日本戦没学生会）に送ったのか、部分的に送ったのか、部分的とすればどの個所であったかは不明である。

は十日に、それぞれ入隊してべ
生命すらも戦争という真黒の歴
史の一コマである。

ノートに秘めた乙女への慕情

1 猪苗代湖畔に立つ純愛の碑

長谷川信氏・陸軍中尉・沖縄にて昭和二十年四月十二日、特攻機で戦死、福島県出身、明治学院

ノート半分大の一冊の手帳――長谷川さんは"失われた青春"の記録を、この一冊に鉛筆でぎっしりと書き残して死んだ。

彼が沖縄に飛び立った日、昭和二十年四月十二日は、奇しくも二十三回の誕生日だった。彼はこの死を予見していたかのように、その前日、宮崎県の新田原基地から、最後の便りと一しょに、この一冊の手帳を福島県会津若松市の両親のもとに送っていた。

最後の便りの末尾に《追伸》として、

――出撃はちょうど、私の誕生日になるんじゃないかと思います――

と、淡々と書き加えながら……。

送られてきたその手帳には、学問に対する激しい追求、会津の自然への追憶、両親と弟妹、そして恋人への遙かな思慕が一ぱいに綴られているが、あの軍隊生活のなかで、どうして書き残せたかと思うほどの内容である。

兵として必要な本として、数冊が許可されるだけで、一さいの書籍を持ちこむことは許されず、まして心のままを書き綴る日記など許さるべくもなかった軍隊生活の日常で、彼がこの一冊の秘密の手帳を、いかに苦心して書き、苦心してかくし持っていたかは想像に余りある。

恐らく、ある夜は洗面所の常夜燈の陰にかくれ、ある朝は薄明の窓べの毛布にくるまって書いていたのであろう――。

記録は十八年十月二十七日、学徒動員令によって行われた徴兵検査のことから書きはじめてある。

――十月二十

猪苗代湖畔に立つ長谷川中尉の碑

故郷での検査を
上京して明治学院
た彼が、心にえ
はFさんだった。
にこのFさんに
されている。
――入営の数日
にする時、何べ
った大塚のあの
寮（Fさんのい
あるか知る術もた
建物は殆ど真暗
九年六月三日のべ
恋する人を訪ね
その寮の近くまで
がら、訪ね得なか
う。男の学生が女
ことなど思いもよ
一言の別れも言わ
だった。だが彼も
は、自由に恋を語
――Fに対する
俺は死ぬ瞬間ま
ける。
Fを愛すること
は純一無雑だっ
れもなかった。
幸福だった。

講談社創業五十周年
現代長編
●全五十二巻・

立った
されて
た。
宮外苑
行会が
東湖の
して今
を感ず
長景文
かむと
しくも
「陣中
訓示し
きなか
とおり
れる世
けるは
る措置
しに戦
ならな
の道と
を解き
…。
一億総
壊滅へ

『週刊現代』1959年12月13日号

しかし誠に残念なことであるが、この『日記』の実物は現在、行方不明となっている。それは次の理由による。

現在も発行されている『週刊現代』の、昭和34（1959）年12月13日号は学徒出陣を特集している。これによれば記者は信の「鉛筆でぎっしり」と書き

残した「ノート半分大の一冊の手帳」、つまり『日記』を引用する形で記事を書いている。また「最後の便りの末尾に《追伸》として」と書かれていることから、記者は『日記』（＝手帳）だけでなく、信の手紙も使って記事を書いたことがわかる。しかし、この後、御遺族から出版社に貸し出された日記類は戻ってきていない、ということであった。ちなみにこの特集では「ノートに秘めた乙女への慕情」というタイトルどおり、信が恋した女性Ｆに関する『日記』の書き抜きが圧倒的に多い。

信の記録の中で最も重要と言ってよい『日記』が行方不明である点について、『百年史』は「大変遺憾なこと」（Ｐ７２２）と指摘し、またきむらけん氏も著作『と号第三十一飛行隊「武揚隊」の軌跡』（Ｐ72）の中で「日記が失われたことで彼の全体の人物像を知ることができなくなった。歴史文化遺産としてのこれが失われたことは大きい」と嘆いている。

調査の過程で、この『日記』の重要性を痛感していた私は、最も根本的な資料となるこの『日記』そのものが、本当にこの世にないのかどうか、あらためて確認する必要があると考えた。平成30（２０１８）年秋、御遺族の許しを得て、私は出版社宛に手紙を出し、今までの調査経過と『日記』の重要性を訴え、『日記』の所在確認を依頼した。その後、私のもとにとても丁重な返事が届いた。結論としては、残念ながら資料室や倉庫に長谷川信の日記が保管されていることはありえず、いまから発見される可能性は皆無と言わざるを得ないというものであった。

『日記』の復元

結局、『日記』の所在は不明である。

私は、前に進むため、『日記』の復元は解読を進めていた次の2つの資料で行うことをあらためて決意した。後述するが、現時点で信の『日記』に最も近い姿は、

①　わだつみのこえ記念館に残された原稿（原稿用紙のもの〈以下、筆写稿と呼ぶ〉）と謄写版刷り（ガリ版刷り）のもの（以下、謄写稿と呼ぶ）

②　『週刊現代』が掲載した記事（『日記』部分）

基本的にはこの2つである。

さて学徒兵の遺稿に関連して、『戦没学生の遺書にみる15年戦争』の冒頭で、阿部知二は「わだつみ会（日本戦没学生記念会）には『わだつみ』におさめられたもののほかに、多くの手記の写しが保管されている」ことを既に昭和38（1963）年の段階で明らかにしていた（わだつみ会：1963）。またノンフィクション作家の保阪正康氏は、かつて、わだつみのこえ記念館から『わだつみ』の原稿が「原稿用紙の状態となっているもの」と「謄写版（ガリ版）刷りの原稿になっ

ているもの」の2種類を入手し（保阪：1999：P32・33）、その一部を同氏は著作に使用された（保阪：2007：P46〜48）。同氏のこの著作には『わだつみ』には収録されていない部分も含まれていた。

私は数年前、記念館に謄写稿のコピーの提供を依頼し、記念館の協力を得ながら既に翻刻を終了させていたが、私はこれらの記述が気になり、平成29（2018）年秋に、あらためて筆写稿があるかどうか伺ったところ、幸いにもその存在を確認することができ、閲覧する機会を得た。

記念館に収められている謄写稿と筆写稿の両者を検討したところ、謄写稿が古く、それを一旦、原稿用紙に書き写し（＝筆写稿）、『わだつみ』に掲載された部分を残し、さらに印刷所に回すために、必要な文字の級数やフォントなどの指定を行っていることがわかった。

つまり『わだつみ』刊行までの経過は、

1　浅野が『日記』（全体か一部かは不明）を書き写して編集部に送付
2　謄写稿作成
3　謄写稿を基に筆写稿を作成して編集作業
4　筆写稿に印刷上の指示

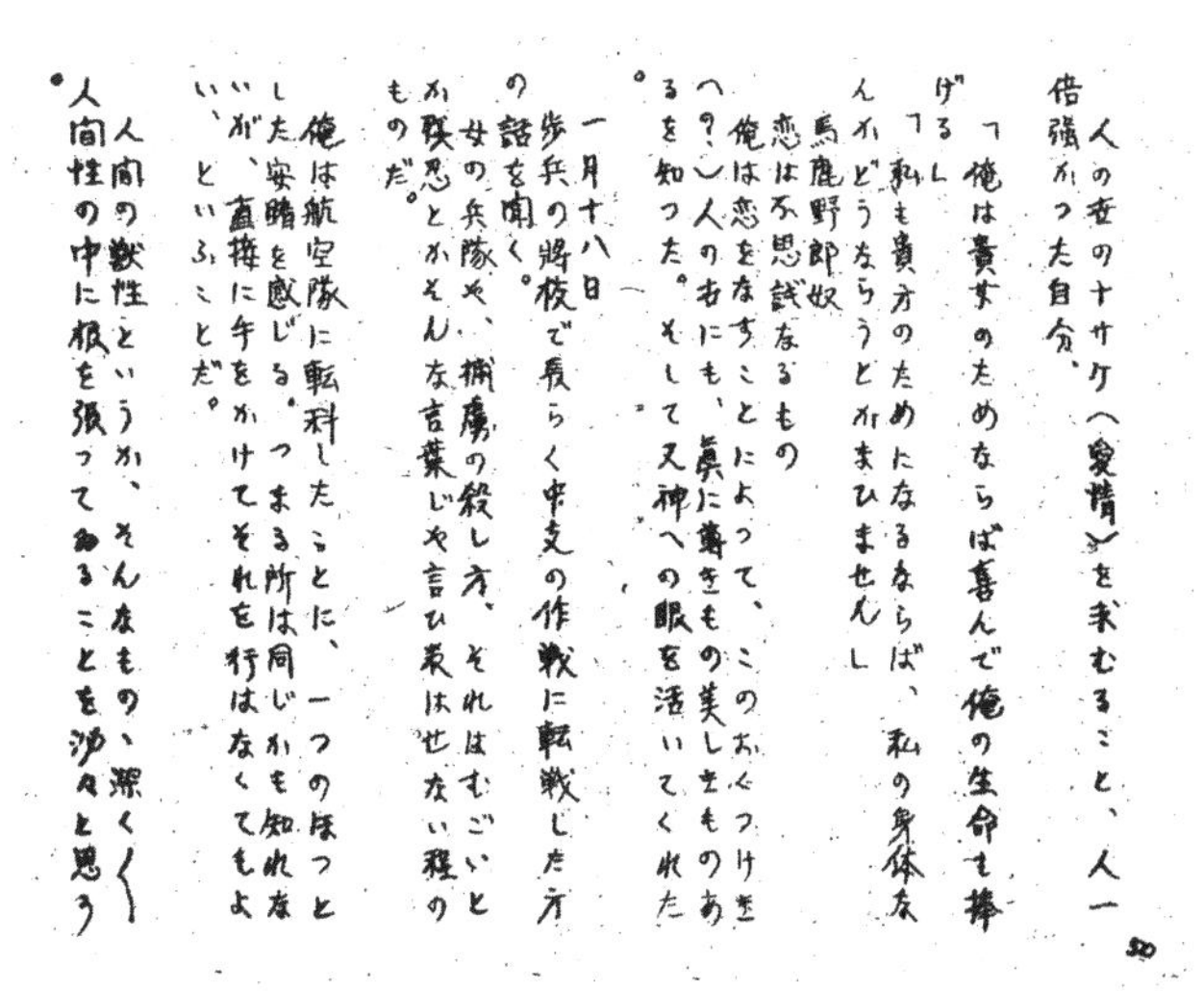
人の幸のナサケ（愛情）を求むること、人一倍強かった自分。

「俺は貴女のためならば喜んで俺の生命も捧げる」

「私も貴方のためになるならば、私の身体なんかどうならうとかまひません」

馬鹿野郎奴
恋は不思議なるもの
俺は恋をなすことによつて、このお心つけきへ？）人の女にも、真に尊きもの美しきものあるを知つた。そして又神への眼を活いてくれた。

一月十八日
歩兵の将校で長らく中支の作戦に転戦した方の話を聞く。

女の兵隊や、捕虜の殺し方、それはむごいとか残忍とかそんな言葉じや言ひ表はせない程のものだ。

俺は航空隊に転科したことに、一つのほつとした安睹を感じる。つまる所は同じかも知れないが、直接に手をかけてそれを行はなくてもよい、といふことだ。

人間の獣性というか、そんなものゝ深く〳〵人間性の中に根を張つてあることを沁々と思う

謄写稿（ガリ版刷り／わだつみのこえ記念館提供）

↓

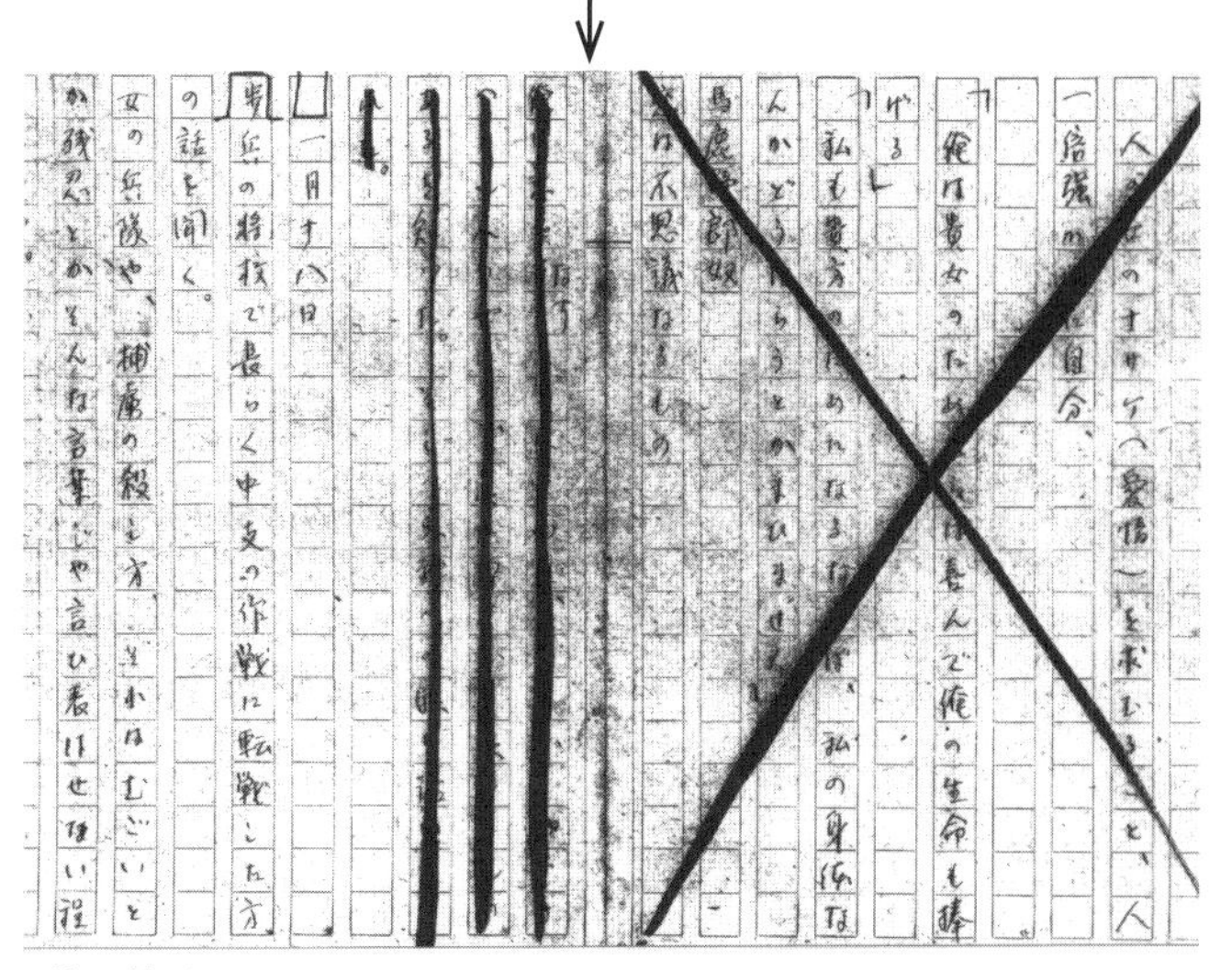
人の幸のナサケ（愛情）を求むること、人
一倍強かった自分、
「俺は貴女のためならば喜んで俺の生命も捧
げる」
「私も貴方のためになるならば、私の身体な
んかどうならうとかまひません」
馬鹿野郎奴
恋は不思議なるもの
一月十八日
歩兵の将校で長らく中支の作戦に転戦した方
の話を聞く。
女の兵隊や、捕虜の殺し方、それはむごいと
か残忍とかそんな言葉じや言ひ表はせない程

筆写稿（謄写稿にあった1月18日の直前部分が削除されている／わだつみのこえ記念館提供）

5　印刷所へ筆写稿を送付、印刷・刊行

と考えられる。よって本書では、信の『日記』に最も近い謄写稿を、いわば「準原本」として扱うこととした。『日記』の全貌を100％明らかにすることはできないが、少なくとも『わだつみ』に掲載されていない32日分（一部重複部を含む。謄写稿の約80％）を掲載すれば、約20％の遺稿で信を語るよりも、彼の実像に近づくことは確かであろう。そして、この謄写稿に、先述した『週刊現代』の特集記事（7日分）を合体させて補完し、二つを時系列で配列すれば、本来の『日記』にさらに近づくことが可能となる。『日記』そのものが失われている今、残念ながらこれしか『日記』復元の方法はなかった。

私は、記念館所蔵の謄写稿を基に『日記』の復元作業を行った。この作業については記念館の渡辺總子元館長（現理事長）及び山辺昌彦学芸員（現館長）のお二人から惜しみない協力をいただいた。ここにあらためて深く御礼を申し上げたい。作業は、私がまず謄写稿を解読してワープロでうち、メールで一旦、記念館に送り、山辺氏の厳正な校正を受け、再度私が最終確認するという方法を採った。一字一句を忠実に復元している。

第3章2に『日記』を掲載するが、傍線部分が『わだつみ』に載っている個所、それ以外は未掲載、つまりまだ世に知られていない個所である。未掲載部分は、謄写稿全体の約80％に及ぶ。

当時の編集について、『わだつみ』冒頭の「感想」で、渡辺一夫は、当初全部採録を主張したが、「現下の社会情勢その他に、少しでも悪い影響を与えるようなことがあってはならぬ」という出版部の意見に最終的には賛同したことを述べている（日本戦没学生記念会：１９４９）。また中心的存在であった中村克郎は、例えば平成7年の『兄の影を追って　託された「わだつみのこえ」』などでその理由を述べ、編集への批判に対して反論も行っている（中村：１９９５：Ｐ40～46）。保阪正康氏は「軍国主義的な内容は除く」「軍国主義的表現（八紘一宇など）は削除する」「その時代に対する対抗の表現が含まれている遺稿を尊重する」という当時の編集方針があった点を指摘している（保阪：１９９９：Ｐ35～36）。また立花隆氏はこれを「歴史の改竄」であると批判している（立花：２００５：Ｐ６３５～６３７）。さらに岡田裕之氏は、編集された平成7（１９９５）年刊行の『新版　きけわだつみのこえ（第一集）』の改訂（校訂）を、原典に即してあらためて行う必要性を訴えている（岡田：２００９・２０１１）。

一般論であるが、我々読者が注意しなければならないのは、戦没学生の手記を集めた本や遺稿集などに、しばしば文の削除、語句の写し間違い、時に書き換えが見られる点である。それによって本来の意味やニュアンスが大きく変わったり、誤解が生じたりする場合もあるだろう。この点についても既に石川明人（２０１３：Ｐ１３４～１３５）、大貫恵美子（２００３：Ｐ２８９）、森岡清美（1995：P5）、保阪正康（1999：P32～33　2018：P47～51）各氏が指摘している。

遺稿の中から一部をピックアップして載せたことによって、編集者の意図するところは結果的に先鋭化し、読者に印象的あるいは刺激的な効果をもたらしたかもしれない。しかし、逆にそのことによって兵士の実像は、遠のいた可能性もあるだろう。

『わだつみ』について言えば、なるべく多くの学徒兵の手記を載せたい、という当時の編集者の考えは非常によく理解できる。また終戦直後の物資不足の折から、ページ数を抑えて欲しい、という出版社からの現実的な依頼や、GHQ占領下での厳しい検閲をパスする必要があったことなども指摘されている（保阪：1999：P35～36　2018：P50）。戦後とはなっても出版界全体を、この時代の重苦しい空気が厚く覆っていた。つまり当時の事情や様々な葛藤・苦難の末に『わだつみ』という本は誕生したと言える。

当時の事情はどうあれ、私としては今回、現在できうる限りの『日記』の復元を試み、読者に提供することを目指したつもりである。

さて、謄写稿には、所々、日付が抜けている個所がある。その理由が、信はそもそも毎日つけていなかったのか、浅野恒が編集部に原稿を送った時に抜いた状態で送ったのか、あるいは編集段階で削除されたものなのかは判然としない。日付が抜けていることに関して、一つ手がかりになるのは『日記』と並行して書かれていた『修養録』である。『修養録』も、ノートにびっしりと隙間なく連続して書かれているが、こちらも日付が飛んでいる部分は結構多い。『日記』と『修養録』の両者を並べてみると、『日記』を書かない日は『修養録』を書き、またその逆の時もある。両方に記載している場合もあるため一概には言えないが、基本的に両者は互いに補完するように綴られたように見える。つまり信は毎日欠かさず2冊を書いた訳ではなさそうである。『日記』『修養録』両方に記載があったのは計19日分、両方に記載がなかったのは51日分である。この点からすれば『日記』の日付の欠落も当初からのものであった可能性がある。

先述したように、最終的に正確なテキストを確定する（テキスト＝クリティーク）には現物＝原資料（1次資料・史料）を第一とすることが基本である。そうした資料を丹念に渉猟することに尽きる。しかし『日記』が行方不明という現実がある限り、残された原資料（1次資料）を最重視し、さらに刊行物及びそこに収録された資料（2次資料）を吟味して加え、歴史を組み上げる以外に道はない。

詳細は省くが、現在わかっている長谷川信を後世に正しく伝えるための資料は次のとおりである。

① 長谷川家所蔵の遺品（写真など）（1次資料）
② わだつみのこえ記念館所蔵の謄写稿と筆写稿（2次資料）
③ 『週刊現代』の信の『日記』（=手帳）の一部
これには謄写稿にもない部分が含まれている（2次資料）
④ わだつみのこえ記念館所蔵の『修養録』『操縦正手簿』（1次資料）
⑤ わだつみのこえ記念館所蔵の信の書簡・葉書（1次資料）
⑥ 『百年史』所収の信の手紙など（2次資料）
⑦ 明治学院歴史資料館所蔵資料（1・2次資料）
⑧ きむらけん氏の著作及び取材資料（1・2次資料）
⑨ 小林正典氏所蔵資料（1・2次資料）

まずは次の2で、右記②・③を用いて『日記』全文を、続いて3で右記④の『修養録』全文を掲載する。

2　『日記』

信は、まず昭和18（１９４３）年12月１日に、神奈川県相模陸軍飛行場に入隊して訓練を受け、翌昭和19（１９４４）年２月に群馬県の館林教育隊に入り、７月20日に卒業。次いで満州へ向かい、引き続き訓練を受けている。そして、昭和20（１９４５）年２月に特攻隊に編成される。

『日記』は、謄写稿では昭和19年４月20日から始まっているが、『日記』原本を基にして書いた『週刊現代』の記事によれば、信が入隊検査に合格した日、すなわち昭和18年10月27日の「朝、六時半から検査、無事通過、甲種合格、父の顔も朗らか……」から始まっているらしい。そこから昭和19年４月20日までは、『日記』原本がなく不明である。そして最後の日付は、昭和20年の１月18日である。死亡した79日前までの日付が確認されていることになる。すなわち『日記』は、館林教育隊時代及び満州時代の記録である。

前述したように『日記』そのものは現在、行方不明である。残された資料のうち、わだつみのこえ記念館所蔵の謄写稿が『日記』に最も近い。全41日分あり、この中で『わだつみ』に掲載されたのは９日分、未掲載は32日分である。さらにこれを補完する『週刊現代』の記事７日分を加え、二者を次に時系列で配列し掲載する。

『日記』

注1：御遺族及びわだつみのこえ記念館の了承を得て掲載する
注2：わだつみのこえ記念館所蔵の謄写稿及び『週刊現代』から復元した。傍線部分が『わだつみ』に掲載された部分、波線は『週刊現代』に掲載された記事部分、それ以外は、現在まで公開されていない未掲載部分である
注3：漢字は新字体にあらためたものがある（單・國・眞・處・對・佛など）
また明らかな誤字は（　）で訂正した
注4：文中、読者の理解を助けるため、適宜、注を設けた

昭和十九年四月二十日（於陸軍飛行学校）
急に梁川(注1)が読みたくなつた。
弥陀の誓願不思議にたすけられまいらせて、往生をば遂ぐるなりと信じて念仏申さんと思い立ツ心(注2)。
単純なるもの、は美しい

素朴なるもの、は美しい
純真なるもの、は美しい
おほらかなるもの、は美しい

人間のなかにわ汚いものが数多？喰つている。
人間は罪を作らずにわ生きて行けぬ。何かしら人間と同じ生き物を食べなくてわ、殺さなくてわ生きてゆけない。姦淫せずにわ子孫を作れない。

編上靴(注3)の配給を受くる時、自分の飯を貰う時、腹が減つて飯を前にした時、人間の姿や表情は一変する。明日から食堂に行つて食卓に坐る時、お念仏をしようと思う。あのいやな眼附を自分もしていると思つたらゾーツとする。眼を閉つて、お念仏しようと思う。

四月二十一日

人間と人間とのむつみあいは極めて稀な場合を除いてわ絶望である。絶望なりとする処に俺の個人主義がある。
人間と人間との美しい従属関係、俺はそれを衷心より欲したこともあつた。併し今の俺わもう疲れ果てた旅人である。最早何物をも他人には求めんとわすまい。他人と真から睦み合わうともすまい。けれども或時期と処と人とを得たならば？　それまで、それまでの辛棒である。今の俺のまわりの人間はボールを壁え打ち突けたら弾ね返つてくる、その様な心の持主ばかりだ。

俺にとつて、只神との交りのみが俺を慰め励ましてくれる。又神との交わりのみが真の交りである。いつわりなき交わりである。

愛と認識との出発や出家と其の弟子（注4）などの出た宗教的な時代が日本にもあつたということわ、今日から考えればまるで夢の様な思いだ。人間の心そのものが変つて来たのであらうか。このことに関してわ、之から後もよく考えてみたいと思う。

四月二十二日

〝皇威〟という言葉

某々中尉わ、帝国主義に非ずと、

我も亦、民族的運命の流れの中の一泡子にすぎず、あがけど、あがけども、詮なし。

父母、兄妹と、又親しめる友どちと、……と俺とをつなぐ唯一絶対の道わ念仏のみ。

念仏に徹すれば最早逆雲なし。

四月二十五日

空中勤務者に果して俺に適性があるか？　近頃とても憂鬱だ。原因は飛行機のこと許りではない。軍隊生活も既に十二月以来早や半年だ。戦争？　人間は戦争を十年も二十年も続けるに堪え得るだらうか。Eschatologie(注5)

世の終り近し！　Repent, the kingdom is near.(注6)

人間の血。獣性。

休務も何も要らん。い丶やうにして下さい。

『知らんが為に信ず』(注7)

理性は自己認識が進むにつれて最高の本質に接近する。人間の理性は凡ゆる被造物中、神に最も近い。又最もよい神の本質の似姿である。

四月二十六日

朝の乾布摩擦の時、手拭を持つて行かず襦袢でやつてゐたら、某、「お前は何故手拭を忘れたことを届けないか。而もお上の品物である襦袢でやるとは不届千万。手でこすれ。」一つ頬をこすられた。「お前は不淡白だ。」あの人は法大専門部出身。高校気質なんて分るまい。こゝの生徒見習士官も相当たちがよくないが、何とか見習士官も相当なものだ。

俺は人間、特に現代の日本人の人間性に絶望を感じている。恐らく今の人間程神から遠くかけはなれた時代はないと思う。そして之から将来、宗教が重んぜられる日というものは果して来るであらうか。

ドストエフスキー(注8)のシベリヤ生活。

獰猛な囚人達の間に混つて、彼はどんな生き方をしてゐたらう。彼に与えられた唯一の書物はBible。彼をおもえ。

五月十日

原隊に居つた時の幹候(注9)その他の試験。

実に馬鹿々々しい。近代文化の精を極める之からの戦争に処する我が国の軍隊に文字を一字一句違へたらいかん……の原始的な非能律(率)的な国民学校流のものが存在するとは只々あきれる許り。

俺は何も彼も棄てゝ、軍隊に入つて来たのではないか。親も兄妹も又Fも。

俺はCosmopolitan（注10）だが又日本民族の血の一滴たることを忘れてはなるまい。而も我等の敵である米英兵の惨虐性に考へ及ぶ時、俺は潔くCosmo. の名を捨てる。平和主義を棄てる。そして飽く迄も戦ふ。

不時着して醜い骸を地上にさらすとも、俺は弥陀の傍にあつて永遠の平和な眠りに就くことが出来る。

断じて!!

俺はいつのまにか浄土真宗の信者になつてしまつている。

基督の御教へは？

浄土真宗には生々とした美しさがない。Leben（注11）の動きがない。併し又寂びれた諦めの境地も亦よき哉。

五月十二日

昨日血沈（注12）きまる。二四―五名。金子も行くことになつた。彼の洗濯を手伝う。

今度の淘汰には我輩も亦？

汝の名は Sentimental Träumer!![注13]
汝の魂は永遠に平和なるべし。
柔かきものに満たされてあるべし。
甘き乳流る丶パラダイスなるべし。[注14]

新約は力強い響のある宣言に満ちてゐる。我々はその持つ所の神々しさ、威厳に対して自ら頭を垂れざるを得ない。
歎異抄の中には寂滅の美に溢れた数々の言葉がある。我等はそれらに涙と共に深い同感を抱かざるを得ない。

五月十四日
朝、小栗、ペラにはねられて死ぬ。
我々の一番最初の尊い犠牲者。
彼の両親の悲しみを思う。
彼の父親は元警視総監である。

事故はいつ我等の身に振りかゝつてくるか分らない。身辺の浄化を痛感す。けれど信仰さへありや、何ともないこつちや。

落着かず。
たゞ無意味に毎日を送る。

眠い。実に眠い。
流行性寒（感）冒で六区隊殆ど全滅。俺はその原因を過労、乃至睡眠不足にあると思う。眼の周りに黒い隈を作つてゐるのも見られる。

上司の人達がガミ〳〵言へば言う程、俺達の内心は反撥する許り。誰が心服するものか。

五月十六日（『週刊現代』記事から）
死んだら、小石ケ浜の丘の上に、あるいは名倉山の中腹に、または戸ノ口のあたりに、中学生のボートを漕いだ湖の見えるところに、石碑をたて分骨をしてもらおうと思う。

五月十七日

頭の中は益々空虚になる許り。早く戦地へ行き度い。内地の訓練生活程たまらないものはない。内地では上官と部下との真の一致は到底生れない。

俺が一人前のパイロットになれるかしら。

この疑惧は志願する前にも存した。

そして入つてみて、更に？　痛感する。

降下方向保持。テンデ分らなくなつた。

えゝい糞!!　なるやうになれ。

五月二十日

警戒警報発令。愈々奴さん来るか！

兎に角俺は今の儘じやどうしやうもない。

〝魂の静かさ〟そんなものはもうどつかに吹飛んでしまつた。

しんみりと一人机に向い書を読む境地

静かに冥（瞑）想を凝らす心境
そんなものは最早、別世界のものになつてしまつた。
大きな、深い深い、時の流れ。
せめて自習の時間だけでもい丶。
俺は柔かい魂を持つことに努めよう。

友に母死すの電報来る。

五月二十二日
孤高!!　俺の好きな言葉だ。
併し俺の目指すべき境地は〝偉大な凡俗〟。

五月二十三日
母より送つてきた梁川集とハルナック(注15)の基督教の本質は□□□□により取上げ。
俺達は初年兵扱いだ。

俺は喜んで見習士官の階級なんか返上してやる。

員数見習士官をあてがはれて、ほんとうの見習士官の待遇を受けようと思つたら大間違いなのだ。

原隊の見習士官はどうだつた。

士官候補生の上等兵は、バイブルを読んでた。

こんな処で、何が深刻なる反省であり、何が修養であるか。

五月二十四日
あと、死ぬ迄に俺の心は何処まで荒んで行くことか。
日本民族は果して。

五月二十五日
俺の心は空虚に、又ヒカラびて行くのは眼に見えて明かだ。それでそれを止むべくもない。
傍観するばかりだ。
あとは只仏にすがるほかない。他人が何と言はうと、俺の信ずる処に邁進しよう。

ブールジエ(注16)の〝死(注17)〟の中で臨終の時に聖体拝受(注18)（？）をして頂き、幸福に死んで行つた一人の将校。俺もたとひどんな死に方をしようと、死の一瞬には仏の傍に召さるゝ、俺の姿を見て死にたい。

（以下、『週刊現代』記事より）

Fに対する恋、
俺は死ぬ瞬間までFを恋続ける。

Fを愛することにおいて、俺は純一無雑だった。一点の汚れもなかった。

幸福だった。

又、悲しかった。

猪苗代湖、戸ノ口の静かな夕方、薄く霞のかかった、鏡面のような湖、あの寂かな喜びを、
Fと分かちあいたかった。

併し、それも空しい願い。

五月二十八日
魂の籠つた手紙を軍隊じゃ到底書き得べくもない。戦地へ行つたらどうだらうか。

肉親と恋人への愛執を全く投げうつて、俺は軍隊に入つて来た。

併し愛情といふものと軍人の生活とは全然相容れないものであらうか。もう少しこの点考へざるを得ないと思う。

親父と母とF。


（筆者注：肉親と……以下は『週刊現代』にも記載されている）

五月二十九日（『週刊現代』記事より）

眼鏡を盗まれたという者がいて、犯人が出るまで、我らは就床を許されない。

馬鹿バカしい。槇島と「久しぶりで徹夜でもして、学生時代の気分でも味わおう」と語る。

眠気を払うために、懸命に靴下を繕う。針のはこびもどうやらスムーズに行くようになった。

区隊長来たり、竹刀をもって大いに荒れる。実に情けなくなる。こんな扱いをうけるかと思うと、卑屈になる。

（中略）

明日の飛行演習が気になる。
なぜにこんなことをするのだろう。
いま、四時十分前、
とうとう徹夜す。
朝八時から、再び十九時まで不動の姿勢。何ということか。
今夜はまた夜食抜きだろう。

六月三日
昨夜の命令で小栗彰三、陸軍少尉に任ぜらる。冥すべし。好漢！
母より封書来る。母の文字文章、とても立派なものになつて来た。俺のお母さんだ。
葉書や封書は一切とつておけないことになつてゐるが、俺はどうしても俺の死ぬ時迄、持つて置かう。

（以下、『週刊現代』記事より）

入営の数日前、東京を後にする時、何べんも、さまよった大塚のあの電車道。寮がどこにあるか知る術もなく。建物は殆ど真暗だった。

六月四日
誰にも悲しみはある。悩みもある。俺ばかりじゃない。

六月八日　（『週刊現代』記事より）
死すまで持続けるであろうFへの愛情、これは現実のFとは、毫も関係ない。唯、俺一人の心中のみにある。それで充分なのだ。それでよいのだ。F……それを伝えようか。そんなことは問題でない。

六月九日
歎異も、Bible も不必要な生活

さういふ生活に馴れて行つたら、恐しいことだ。

六月十七日
週番学生に服務。到底認むる暇なし。

我恋は恋にして恋にあらず。
俺の夢は地上を超えてゐる。

七月六日
人間性の限界性（変な言葉だが）を俺はつくづくと味つて来た。人間と人間とが理解し合う、そんな事は極めて稀な場合にのみおこり得る。
我を知るは唯神。

七月十四日
もう外泊の望みなし。

死ぬ前にもう一度吾が生れ、育まれた故郷の人達、山や川やを見て置きたかつた。
肉体と霊魂とは全くの別ものである。
人間は肉体の死を経て始めて、真の生の悩みに入る。

七月二十日
卒業。任地満洲。面会許可さるゝも通知出さず。今更会つたとて何の詮なし。

（以下、『週刊現代』記事より）
……俺は結局、いい加減に凡凡と生きて、凡凡と死ぬことだろう。
だが、俺にもたった一つできる。
涙を流して祈ることだ。
それが国安かれか、親安かれか、知らない。
祈ることなのだ。

八月八日（以下、満洲にて）

只我一人。

我を知るものなし。

内務検査の日、寝台の前に立たせられて、呆然と向側の窓に移る雲を見つめる。

信じ得る者は唯神のみ。

亨[注19]は遙かなる仏印[注20]の地にあり。

父、母亦然り。

懐郷の想ひ　切なり。

八月十二日

今さつきまで自分の眼の前に居た男が、次の瞬間には冷い肉塊と化す。之は一体どういふことか。

馬鹿々々しい事だ止そう。

俺達に死ねと要求する人達の私生活を、日常生活を俺は全く知らない。

八月十四日

昨日海岸へ遊びに行く。防波堤の上に腰を下して、最早二度とその土を踏むべくもない遙かなる故郷の方を望む。阿部仲磨（麿）[注21]だらうか。寒いとか何とか言つて誰も泳がなかつたが、之が泳ぎおさめかもしれんと思つて存分泳ぐ。

八月二十五日

白揚（城）[注22]子移注（駐）ため演習中止、昨日午後から今日一日中 Coolie[注23]

黙々としてやらう。不平を言はぬこと、理由の何によらず、ブツ〱こぼす時は、その時の心の状態と云うものは、後になつて反省する時、きいと恥しく思う様な類のものである。どんな苦しいことでも、楽しいといふか、充ち足りたといふか、とにかく明るい心でやることだ。そして倒れる迄やるんだ。

九月二十日

慰問演芸やら映画、ひいては我が祖国の、国民芸術と云うもの、俺は愛する祖国の為に深く深く憂ふ。

日本に文化なし。

俺達の間にある読物とは講談雑誌、捕物帳……

九月二十七日

明日の日を知らぬ命なれど唯々神の御前に、素直に、明るく、清く、一日一日を過さんと思う。

欧州の盟邦ドイツ今や累卵の危きにあり、

我が祖国も亦然り

俺達の小さな命の犠牲が、愛する祖国、愛する父母兄弟の運命を全からしめるならば、俺達は喜んで死なう。

生への執着を捨てよ。

望郷の憶を去れ。

汝と汝の父母、汝の愛せる山河とは、唯御名を唱うることによつてのみ、永遠なる関係に繋がる丶なり。

九月二十九日

確かなるは　恋にあらず　父子の情にもあらず　唯々神の愛のみなり
穢土の生は　生にあらず
まことの生は　浄土にあり

十月二十二日

懐疑
今の何も知らない子供達
彼等はあれでい丶
みじめなのは俺達だ
俺達より丁度一昔前の、佑兄の頃の人達
俺達よりはましだ

人間らしい生活を、少しでも送つてきてるんだもの。

十一月八日

戦友のＴは浦高から京大の哲学へ行つた。併し彼は寝台へ入ると直ぐ軽いイビキをかいて寝入つてしまう。物の感じ方、考へ方、ガッチリしとつて、とても俺なんか近寄れそうもない、とりつくしまもない、と云つた恰好だ。

過去になづみ、懐い出に生きる
之が俺の生き様だと云へる

此の間、明治節の外出の日に「文芸春秋」とYounger Generation 買つてくる。
一寸不思議に思うのだが、インテリ部隊だといはるべき特操の中で、外出の度に本屋に行くのは俺一人しかない。誘つても来るものはない。或者は何かいゝものがあつたら買つて来てくれ、俺は之から軍人会館へ廻るから……
ユーウツ、ユーウツ

戦友達は嘗て歩んで来た学生生活と云うものを、全然忘却としか言ひ得ない遠く彼方に捨て去つた現在の生き方をしてゐる。ありし日の生き方と今の生活とはてんでつながりがない。
この様な状態が彼等にいかにして可能なのか俺は何時も不思議に思つてゐる。

十一月十八日
詰らない感情に捉はれることはすまい。大人気ない事だ。

十一月二十七日
明日は当部隊の修業式
四ヶ月も過ぎてみると、早いもの、綏中(注24)の野戦的風景に驚いたのも、つい昨日の事の様に思はれる。

特攻隊に加はつて華々しい最後を飾る、そんな自分を夢に描かないでもない。
併し戦場の片隅で淋しく笑つて死んで行く兵隊たちのあることも忘れてはなるまい。
要は任務の遂行にあると俺は堅く信じる。

黙々と任務に邁進する、どんなにそれが地味な任務であらうとも。


昨日白城子に外出。

支那料理を食べる。汚らしいけれども美味しいことは格別、殊に肉の豊富なこと。

愈々満洲に残るものと、基督教会の看板のかかつた所に聖書を求めて行つたが、生憎、それは満人の教会で望みは達せられなかつた。

本屋には何もなし、文芸春秋のみ。

満洲の日本人は不幸だと思う。

十一月二十九日
昨日は修業式
午前中飛行場整備、第三飛行隊は隊長始め大部分残留らしい。又彼のヒステリック、エデユケイシヨンかと思うと、ユーウツ極まりなし。
皆言う　内務実施兼土木要員!!

だが不平と不満とはそれがいかに道理あり、と認めらる、にしても（特に軍隊の生活にあっては）真の信者の生活からかけはなれたもの、あるべからざるもの、と俺は思う。

黙々としていかなる精神的肉体的苦しみにも耐へて行く、之が俺にふさはしい在り方だ。

俺達の苦しみと死とが、俺達の父や母や弟妹たち、愛する人達の幸福のために、たとへ僅かでも役立つものならば

俺達は喜んで苦しまう、笑つて死なう。

（以下、『週刊現代』記事より）

昨日は修業式、終って部隊合同の会食、どうしたわけか、また命により余興の最初に磐梯山をうたわせらる。召集尉官の懇望もだしがたく、啄木の詩「砂山の砂にはらばい、初恋のいたみを遠く憶いずる日」を教えてやる。俺が気分をこめて、それを歌うと、とてもよいそうな。

……（筆者注：この文章がこの日のどこに入っていたかは不明）

十二月六日

とう〳〵　残留を命ぜらる。何も言うことなし。

十二月十日

この四日間、演習は文字通りの猛演習、昼飯と夕飯と一緒。
家から小包と写真と送つて来たのだけど、返事する暇なし。
小包には実践理性批判(注25)あり、散る日迄どの位読めることか?!!
懐しい父上、母上、妹、弟、々の面影、
飽かず眺め入ること暫し
父上は何だか少し老けられた様子、母上は元気らしい
弟は馬鹿に背丈が目立つて大きくなり、立派な若者らしい感じ
健はとても賢さうな感じが現れて来た
ヒロは相変わらず我儘かな

昭和二十年一月一日

無事に?・?・?　明けて二十四才の年を迎う
今年こそ晴の最後を飾る年

一月二日

只一人にて生れ
死ぬるも只一人。[注26]

我を知るは唯神のみか

昨日恋し、今日悩み、明日死す
キエルケゴール[注27]（？）

人間は絶対的に孤独なり。
俺はこの重苦しく迫つて来る命題に刃向つて、哀れな果敢ないあがきを続けて来た。
俺は俺は、永遠に孤高（ヒトリ）である。

俺は俺自身のために死ぬのだ

弱きもの、哀れなるもの、汝の名は人類。猿よりも劣るべし。

人の世のナサケ（愛情）を求むること、人一倍強かつた自分。

「俺は貴女のためならば喜んで俺の生命も捧げる」
「私も貴方のためになるならば、私の身体なんかどうならうとかまひません」
馬鹿野郎奴

恋は不思議なるもの
俺は恋をなすことによつて、このおくつけき（？）人の世にも、真に尊きもの美しきものあるを知つた。そして又神への眼を活いてくれた。

一月十八日
歩兵の将校で長らく中支（注28）の作戦に転戦した方の話を聞く。

女の兵隊や、捕虜の殺し方、それはむごいとか残忍とかそんな言葉じや言ひ表はせない程のものだ。

俺は航空隊に転科したことに、一つのほつとした安堵を感じる。つまる所は同じかも知れないが、直接に手をかけてそれを行はなくてもよい、といふことだ。

人間の獣性というか、そんなもの、深く〳〵人間性の中に根を張つてゐることを沁々と思う。

人間は、人間がこの世に創つた時以来、少くも進歩してゐないのだ。

今次の戦争には、最早正義云々の問題はなく唯々民族間の憎悪の爆発あるのみだ。
敵対し合う民族は各々その滅亡まで戦を止めることはないであらう。
恐ろしき哉　浅間しき哉
人類よ、猿の親類よ。

注1　綱島梁川（つなしまりょうせん）

１８７３年5月27日、岡山県生まれ。１９０７年9月14日、東京にて没する。文芸・思想評論家。本名は栄一郎。19歳の時上京して、坪内逍遙に師事。東京専門学校卒業後、『早稲田文学』の編集にあたった。文学・美学の評論家として、『悲哀の高調』（１９０２）をはじめ、浪漫的、宗教的な美文を発表。のち大西祝に学んで倫理・宗教に関心を向け、『快楽派倫理学説』『西洋倫理学史』を著わした。胸を病んで、病床で〈見神〉体験をし「余が見神の実験」を書いた『病間録』（１９０５）は反響を呼んだ。また『回光録』を書いて神秘思想を説き、青年層に大きな影響を与えた。『綱島梁川全集』（10巻、１９２１〜２３）などがある。

注2

『歎異抄』第一条の冒頭部分

「弥陀の誓願不思議にたすけられまいらせて、往生をば遂ぐるなりと信じて念仏申さんと思い立つ心のおこるとき、すなわち摂取不捨の利益にあづけしめたまふなり」。『歎異抄』は親鸞の弟子唯円が、師の死後、師の教えと異なる説をなす者がいるのを嘆いて著した書である。悪人正機など、求道者親鸞の中心思想を簡潔に生き生きと伝えている。『百年史』では『歎異抄』は戦前の学生の愛読書のひとつで、信も中学二・三年頃から読んでおり、軍隊にも一冊携えていったが、「上官に取り上げられた」（Ｐ７２３）としている。最後の帰郷時に信は、恩師の小林先生にあらためて『歎異抄』を所望したことは先述した。『歎異抄』は明治期に真宗大谷派の清沢満之が再評価し哲学的に深めた。そして弟子の暁烏敏の『精神界』への連載と『歎異抄講話』などによって広まり、多くの人々に読まれるようになったと言われる。西田幾多郎は、第二次世界大戦末期に「自分は『臨済録』と『歎異抄』さえあれば生きていける」と周囲に語っていたとされ、三木清・司馬遼太郎・吉本隆明・遠藤周作・梅原猛・五木寛之など多くの哲学者や思想家・作家にも影響を与えている。

注3 編上靴　陸軍の編み上げ靴。

注4 『愛と認識との出発』『出家とその弟子』
いずれも倉田百三の著作。倉田は1891年2月23日、広島県生まれ。1943年2月12日、東京で没する。劇作家・評論家。病のため第一高等学校を中退（1913）、帰郷してキリスト教を中心とする思索生活に入った。1916～17年、『白樺』の衛星誌『生命の川』に、親鸞・唯円を主人公とした代表的戯曲『出家とその弟子』を連載、一躍有名作家となって、大正期の宗教文学ブームの先駆をなした。ほかに絶望的な人間関係を描いた『俊寛』（1920）、煩悩を断ち切る宗教劇『布施太子の入山』（1921）などがある。一方、一高時代から西田幾多郎に傾倒し、その影響を受けて30歳くらいまでに書き集めた随筆『愛と認識との出発』（1921）は、作者自身の「青春の記念碑」であり、広く青年たちの愛読書となった。また倉田は191

５年、信の『修養録』に登場する西田天香が創設した一燈園に入って、宗教的思索を深めている。綱島梁川・西田天香・倉田百三らは、信仰の点で密接に結びついている。

注５　終末論（エスカトロジー）　死・審判、天国や地獄を扱う神学の一分野。今ある形の世界が一度終わりを迎え、全く異なる別の世界に造り直されるという信仰。

注６　「神の国は近づいた」　神が王として支配する事態のこと。

注７　知らんが為に信ず（理解せんがために信ず）

北イタリア生まれの中世の代表的な神学者・哲学者であるアンセルムス（１０３３〜１１０９）の言葉。アンセルムスの思索の特徴は、信仰と理性的探求の関係を自覚的に確立したところにあり、「知解を求める信仰」「我信ず、したがって理解せん（理解せんがために信ず）」という言葉で広く知られる。信と知、いずれの一方に依ることをいさめて、まず信じるところから出発した上で、自己の信の根拠を『聖書』の権威にたよることなく探求するという姿勢を提唱した。理性的追求のこのような位置付けは、以降のスコラ哲学・神学に大きな影響を与え、「スコラ哲学の父」と呼ばれた。『モノロギオン』『プロスロギオン』などの著書がある。

注８　ドストエフスキー（１８１２〜８１）　ロシアの文学者。人間の心の奥底に鋭い観察眼を向け、19世紀の精神的に苦悩するロシアの民衆の姿を描くと共に、キリスト教の愛の精神による人間

性の完成と人類の救済を求めた。１８４９年、革命運動に加わった罪で死刑となったが、減刑されてシベリアに流刑された。代表作に『罪と罰』『カラマーゾフの兄弟』『白痴』などがある。

注9　幹候　幹部候補生。

注10　Cosmopolitan　国際人、世界主義者。

注11　Leben　ドイツ語　生きる・生。

注12　血沈　特攻出撃あるいは敵を撃沈させるの意か？

注13　Sentimental Träumer　感傷的なトラウマ　心的外傷者や心理的にショックを受けている者の意か？

注14　甘き乳流るゝパラダイスなるべし　「甘き乳流れる所」（「乳と蜜の流れる土地」）とは、イスラエルの民が神から与えられた場所。カナン（パレスチナの古称）の地の豊穣さを指す定型表現でもある。旧約聖書で約20回登場する。明治学院に在籍し、貧民救済や多くの活動を行った賀川豊彦の著作にも、ベストセラーとなった『乳と蜜の流るゝ郷』がある。信が賀川の影響を受けていたことが、彼の手紙などから推測されることは先述した。

注15　ハルナック　『キリスト教の本質』
ハルナック（１８５１〜１９３０）はドイツの教会史家・プロテスタント神学者。ベルリン大

学教授。該博な知識に基づく古代教会史研究のほか、教理形式史の大著『教理史教本』（1885〜87）、信が入営地に持参し取り上げられた『キリスト教の本質』（1900）は、ハルナックがベルリン大学で講義したもので、イエスの福音と近代文化の調停を図った書とされる。

注16　ブールジェ　ポール・ブールジェ（1852〜1935）はフランスの作家。詩人として出発したが、評論『現代心理論集』（1883〜85）で名声を得た。スタンダール再発見の功績が大きい。のち小説に進み、実証主義の破産を描いた代表作『弟子』（1889）や『真昼の悪魔』など、倫理的・保守的傾向の強い作品を書いた。

注17　『死』　ブールジェの長編小説。原書の直訳は『死の意味』。第二次世界大戦中の日本でよく読まれた。1914年のパリの軍用病院を舞台として、無神論者の外科医オルテーグと、カトリックを信仰する軍人で患者のル・ガリックが主人公。死を介してカトリシズムを擁護すること、また祖国のために死ぬことは信仰のため、神に捧げる崇高な犠牲的行為である、ということが物語のテーマとなっている。

注18　聖体拝受（聖体拝領(せいたいはいりょう)　コムニオ）
カトリックではミサ（聖餐式(せいさんしき)）の中で、聖別されたキリストの血と肉を象徴するぶどう酒とパンを神父が信徒に与え共に食すること。プロテスタントでは「陪餐(ばいさん)」と訳される。

注19　亭　会津中学校時代の親友、渡部亭。

注20　仏印（ふついん）　フランス領インドシナの略称。現在のインドシナ半島がフランスの統治下にあったことから。

注21　阿部仲麻呂（あべのなかまろ）　698年～770年。奈良時代の文人、遣唐留学生。姓は安倍とも。中国名、朝衡。717年、渡唐。玄宗に寵遇され、李白・王維らと交友があった。海難のために帰国が果たせず、在唐五十余年、同地に没す。「天の原ふりさけ見れば春日なる三笠の山に出でし月かも」の望郷の歌で有名。満州にいる信は、自分を帰国できなかった阿部仲麻呂と重ねている。

注22　白城子（はくじょうし）　満州国の哈爾濱（ハルビン）市西方、約300㎞にある吉林省白城子のこと。白城子陸軍飛行学校本部は、ここからさらに西北方約20㎞の平台に設置されていた。

注23　Coolie（苦力（クーリー））　苦力とは、19世紀から20世紀初頭にかけての、中国人・インド人を中心とするアジア系の移民、もしくは出稼ぎの労働者。

注24　綏中県（すいちゅうけん）　綏中県は旧満州、現在の中華人民共和国遼寧省葫芦島市に位置する県。

注25　『実践理性批判』　ドイツの哲学者イマヌエル・カント（1724～1804）の主著の一つ。1788年刊。人間に先天的に備わっている善を実践しようとする道徳的な意志能力（良心・善意志）としての実践理性を検討した倫理学・道徳論。善意志はたとえ結果を出せないとして

も価値を失うことはないとする。理性によって立てられた道徳法則に自ら従う、自律的で自由な主体としての人格について説かれている。

注26
「只一人にて生れ　死ぬるも只一人」
『百年史』では「『只一人にて生れ　死ぬるも只一人』について浄土三部経の一つ『大無量寿経』の『人、世間愛欲の中に存りて、独り生じ独り死し、独り去り独り来る』（下巻・第31章40節）が出典と考えられる」としている（P７２３）。

注27
キルケゴール（キェルケゴール）
セーレン・キエルケゴール（１８１３～５５）は、デンマークのキリスト教思想家で、ニーチェと共に実存主義の先駆者。コペンハーゲン生れ。コペンハーゲン大学神学部卒業後、１８４１年～４２年ベルリン大学でシェリングに学んだ。重なる肉親の不幸、レギーネ・オルセンとの婚約破棄（レギーネ体験）などの体験から、不安と絶望を実相とし、理性を超出して自由と人間性とを希求する〈実存〉の思想に目覚める。神の前に立つ〈単独者〉の自由な〈主体性こそ真理である〉とする哲学、愛の反復の思想は、のちの実存主義の先駆とされ、ハルナックに師事したスイスのプロテスタント神学者Ｋ・バルトの弁証法神学、ハイデッガーの思索をはじめ、現代思想・文学に大きく影響した。主著『あれかこれか』（１８４３）、『不安の概念』（１８４４）、

『死に至る病』（１８４９）など。

注28　中支（ちゅうし）　中国の華中方面。

3　『修養録』

『修養録』は、信が館林教育隊時代に書いた訓練記録で、『操縦正手簿』と共に、わだつみのこえ記念館に収蔵されていたものである。これについても館の御協力を得て解読した。

『修養録』の大きさは、縦19・８㎝、横15・８㎝、厚さ０・５㎝。総ページ数は60ページである。『操縦正手簿』同様、『修養録』も上官に提出され、点検を受けるものであった。『修養録』には、朱書きによる上官からの叱咤や指導が見られる。記録された期間は、昭和19（１９４４）年２月15日から館林教育隊修業直前の７月17日である。なお信の館林以前のものは、全く不明である。

まず表紙左側を見てみると、印刷された正手簿というタイトル文字に取り消し線を引き、『修養録』に書きあらためていることがわかる。表紙右側には「館林教育隊第弐区隊　生徒　長谷川信」の文字がある。また隊名の右には「昭和19年４月16日起」、また右端には、「信手記　昭

和十九年四月　館林教育隊ニテ」と記されている。

さて当然のことながら、同じ教育隊の第七区隊に属した上原良司も『修養反省録』をつけている。上原の場合は、館林の前に所属していた相模教育隊時代の昭和19年2月13日に、まず『滑空手簿』として書き始め、同年3月24日に館林に移った後も、同じノートに書き継いでいる。ただし、4月10日からは、『修養反省録』へと名前を変更している。信の『修養録』も上原同様、4月10日以降、それまでと書き方が大きく異なっている。4月10日からページをまったくあらためて、新しいページから区切りよく記述し始め、その内容も、10日以前は、練習内容や指導

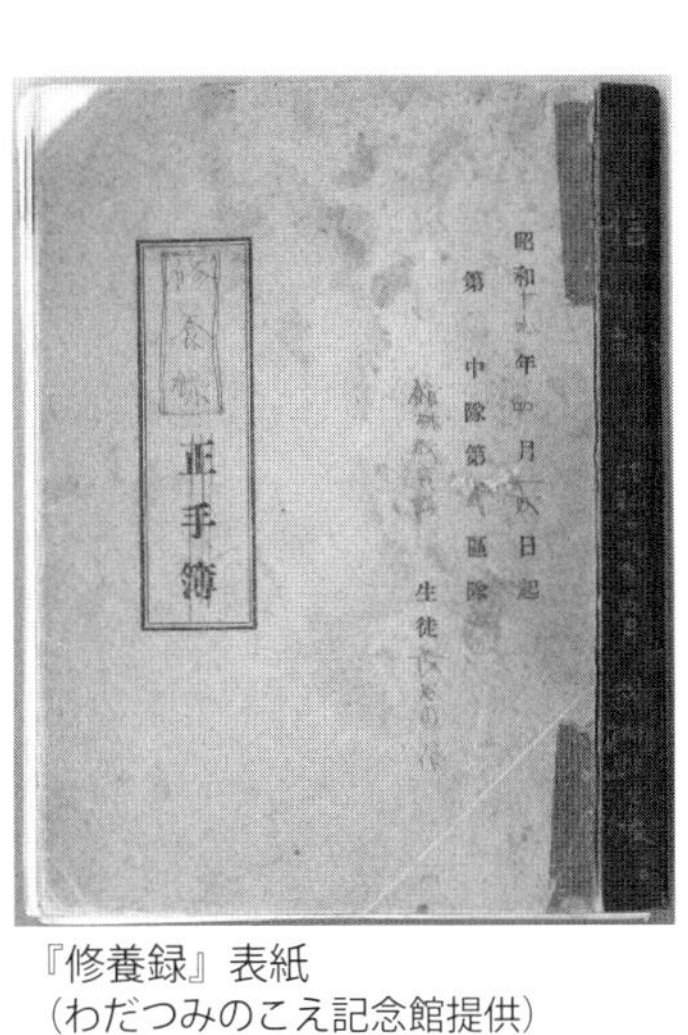

『修養録』表紙
（わだつみのこえ記念館提供）

事項を項目別に箇条書きしていたのに対し、10日以降は、体裁が変わり通常の文章スタイルになっている。練習内容などは姿を消し、「戦陣訓」を書いたり個人の修養の様子などを記述する割合が大幅に増えるなど明らかに変化している。結論を言えば軍は、4月から『正手簿』用のノートを『修養録』専用ノートに切り換えて使うよう指示したのであろう。修養と技術的側面を一緒に記述していたノートから修養

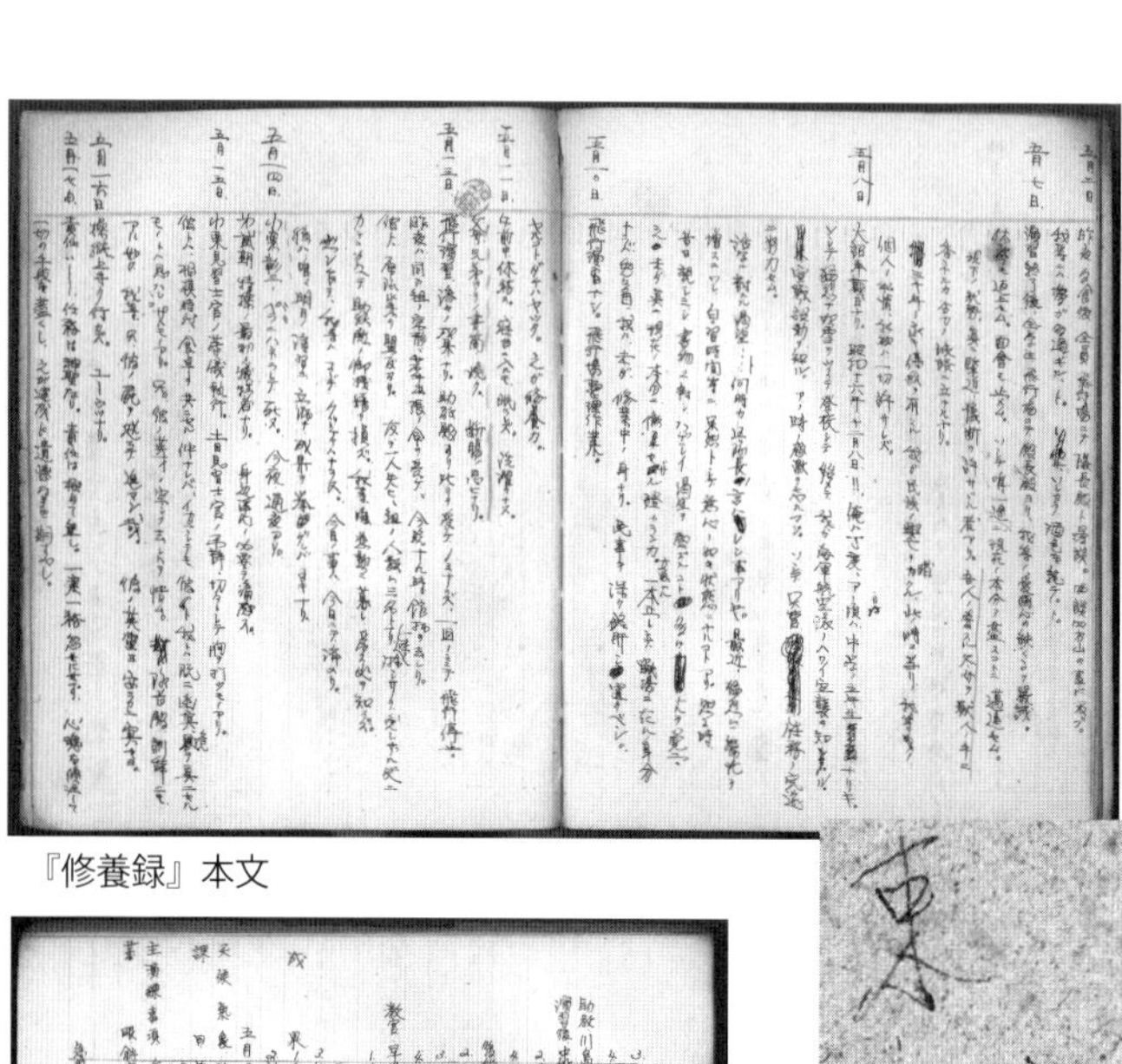

『修養録』本文

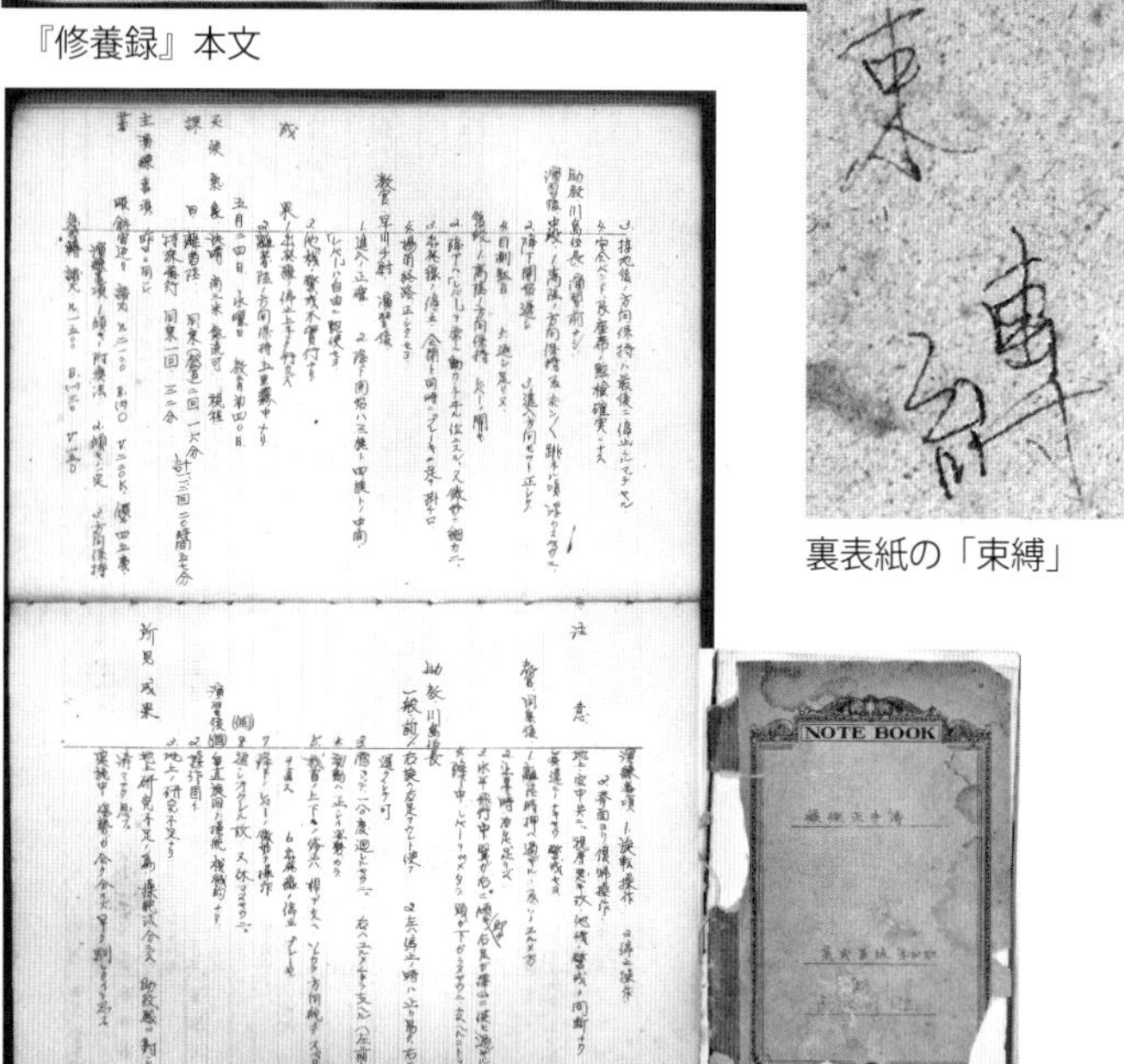

裏表紙の「束縛」

『操縦正手簿』本文

『操縦正手簿』表紙

（すべてわだつみのこえ記念館提供）

用のノートを独立させ、精神面の強化を目指したものと思われる。つまり4月10日から7月17日は『操縦正手簿』と『修養録』の2冊を信・上原ら訓練生は併行して書いたということになる。

なお『修養録』の裏表紙に信は、「束縛」の2文字を書いている。抑圧され閉塞状態となった当時の心境を綴ったものであろう。

以降に『修養録』を掲載するが、2月15日から3月18日の記述は天気、課目、上官からの操縦技術上の注意などであり、本書ではこうした、主に操縦技術に関する部分を省略して掲載することをお断りしておく。

『修養録』

注：上官の検閲がある個所については、筆者が線及び（　）付きの注意書きで示した

『修養録』

信手記　昭和十九年四月　館林教育隊ニテ

（表紙）

昭和十九年四月一六日 起

第 中隊 第 弐 区隊

館林教育隊 生徒 長谷川信

修養録

正手簿

二月十五日

〔課目〕前段 中段 後段

所見

二月一六日

課目 注意事項 教官殿注意 所見

二月一七～二一日

課目 所見 講評

二月二一日〔二二日の誤り〕

課目
滑空実施
一回目　どうした訳か地上滑走。助教殿に叱責さる。滑走し始めた頃、凸凹地のため、操縦桿が上下するを覚えたが、その為かしらん。
二月二三～二六日
課目　所見
二月二七日　休養日　訓練なし
二月二八日　課目
二月二九日
〔課目〕
所見　どうした訳か、地上滑走をなす者が殆ど大部分であった。自分もさうであった。ズ、ズーッとすべる時に、操縦桿が反動で、前後に動いたからだと思ふ。助教殿に舵を押へてしまったからだと云はれたが、自分の意識の上では、全然押へなかった積り。明日は浮揚するまでは、確実に舵を保持してゐようと思ふ。

三月一日
〔課目〕教官殿講評　助教殿講評
実施回数一　僅少ナル衝動ヲ以テ接地セルモ、イツモノ如ク、翼端ハ接地セズ、
自分デモ、マアマアノ出来デアッタト思フ。
三月二日　課目
三月三日
〔課目〕教官殿講評
滑空実施回数、一
衝動僅少ヲ感ジ、接地、助教殿ニ上・下ノ舵ヲ少々荒ク用フ
傾向アルモ、今ノ舵デ大体ヨロシイ、ト云ハル。
前回、前々回ノ代リノ助教殿ノ時ニハ、甚ダ思ハシクナカッタノデ、
心配シテヰタガ、ホット一安心。
今日ノ意気デヤリ通サウト思フ。
三月四日
前段　中段　後段

滑空実施　一回　試験
無意識ノ中ニ、押ヘ、地上滑走ニ終ル。助教殿ニ大目玉ヲ蒙ル。
第二番目ニヤッタ為、クサルコト夥シク、地上勤務モ、モサッテ、気合ヲ入レラルル
コト二度。

三月五日
前段　中段　後段
所見　昨夜カラ降リ初メタ雪ハ、周囲ヲ白一色ニ塗リソメ、雪ノ多カッタ故郷
　　　会津ヲ思ヒ出ス

三月六日
前段　中段　後段
実施回数　一　助教殿ニ、押ヘル時機遅ク且、上下ノ舵ノ操作大ト言ハル
ゴム索ノ落チル時期ヲ、今始メテ知ル
三月七日　　課目
三月八日
課目

所見
実施回数　一
助教殿注意　操縦桿ノ扱ヒ方、機械的デ荒シ、
五組ノ全般ハ、極メテ成績良、助教殿、御機嫌ヨク、従テ我々モ朗カ。
三月九・一〇日
〔課目〕
三月一一日
〔課目〕
教官殿講評
三、〔前略〕物事ニコセコセスルヤウナコトナク、腹ヲ作ルベシ
叱ラレタラ、叱ラレタデ宜シイ
三月一二日　〔課目〕
三月一三日　休務
三月十四日
〔課目〕

所見
昨年十二月一日、入営シタ途端、書物ト隔離シタ生活ハ、ズーットニケ月間続ケラレタ。併シ、今ノ俺ニハ、聖書ト歎異抄ガアル。

ココヘ、転属スル際、故郷ノ駅デ、父上ガワザワザ持ッテキテ下スッタ　コノ二冊ノ書物。

自分ハ、隙ヲ見付ケ次第、ムサボルヤウニ、読ンデキタ。

シベリアニ流サレタ　ダスタエフスキイニトッテ、バイブル　ハ　ドンナ役目ヲ持チ得タカ。今、泌々ト　彼ノ心境ヲ思フ。


俺達ノ今ノ演習地内ノ生活ノ中ノ、一体何処ニ、過去ノインテリゲンツィアノ姿ガ認メラレルカ。

過去ニ於イテ、身ニツケタ筈ノインテレクトハ、一体何処ニ影ヲヒソメテシマッタノデ　アラウカ。

ソコニアルモノハ、唯々喧騒ト、食べ物ノ話ノミ。

三月一五日
〔課目〕

前段
実施回数、一
惨々ノ失敗。一米位カラ落着。傾キノ修正ニ、舵ヲ引イタラシイ。
助教殿ノオ小言ヲ機上デ聞ク。
併シ、俺ハ、失敗ニ滅入ルコトハスマイ。失敗アッテ、上達ガアルノダト思フ。
三月一六日　課目
三月十七日
課目
所見
〔前略〕バイブル、ゲッセマネー(注1)ノ悲痛ナル祈ノ個処ニ至ル。地方ニ在ッタ時
集メタ宗教画ノ中ノ、絵ヲ憶ヒ出ス。
三月一八日
〔課目〕
三月一九～四月九日　（日付を含め記載なし）

（筆者注：以降、記載形式を異にする。ページを新たにして最初の行から記述。『修養録』として
いる）

四月一〇日

機附一名、熊谷本校ニ於テ、ペラニ觸レテ、生命危篤ナリト。

又大詔奉載日！隊長殿ノ訓話ニアリシ、ガ島我方ノ捕虜ノ無惨ナ最後。平和ナ日々ヲ送ラセテ頂イテヰル我々ニハ、想像スルダニ恐シイ事件ガ、今ノ瞬間ニ於テモ、コノ世界ノ何処カニ行ハレ　テヰルノダ。（朱破線あり）

窮極マデ考ヘヲ押ツメテ行クハ、（但シ真摯ニシテ、暖カキ心ノ持主ニ限ルベシ）、吾人ノ生活ノ基底ヲ打壊スコトニナルト思フ。ヨイ加減ノ処デ止メル、―適当ノ個処デゴマカス、之現代ノ特色ナリ。（朱破線あり）

四月一一日　（記載なし）

四月一二日

○殉職雇員木村君ノ校葬執行サル。遺族ノ方ノ淋シキ姿強ク胸ヲ打ツ。（朱破線あり）

○俺達ニハ、遺書ヲ書イテ置クベキ必要アルヲ痛感ス。（朱破線あり）

四月一三日

前段ノ畑作業中、隊長殿ト　クツロイデ話ス。隊長殿ハ真ニ理解ノアル、ヨキオ方ナリ。

四月一四～一六日（日付を含めて記載なし）

四月一七日

館林入校以来、初メテノ休務。午前ハ八時ヨリ就床ノ許可アリタレドモ、眠レズ。午後漸ク寝ツイタト思フ頃、起サレテ、飛行場整備作業実施。何ノ為ノ休務ナリヤヲ疑フ。

（戦陣訓　序〈10行記載〉）

四月一八日

（戦陣訓　本訓〈其ノ一〉第一　皇国〈5行記載〉）

○単純ナル「軍隊現象」ノ日々ニ、修養ノ糧ヲ何処ニ見出サントスルカ。（朱線あり）

四月一九日　ナシ

四月二〇日

四段演習開始、前段ハ六時演習開始。起床後ハ目ノ廻ルヤウナ忙シサ。

自習開始ノ時間ニナッテ始メテ　ホットスル。斯様ナ特殊ナ経験ハ軍隊生活ノミガ有スル。

コノヤウナ忙シイ日常ノ中ニ、僅カナ暇ヲ見ツケ出シテハ考ヘ（傍点あり）ヤウト思フ。

今夜カラ点呼準備終ッテカラ、十五分、反省ノ時間ガ設ケラル。
極メテ有意義ナリト信ズ。（朱線あり）

四月二一日

毎日新聞ノ雑記帳ニ、西田天香氏(注2)ニツイテ次ノコトヲ報ズルアリ、
七三才ノ氏、六七才ノ夫人、子息ノ未亡人、孫サン（専問〈門〉校・中学校ヲ退学シテ）悉ク、
某会社ノ雑役夫養成工トシテ、雇ハルノ報ナリ。
斯様ナ記事ヲ軽々シク取上ゲテ、三面欄ノ片隅ニノセルトハ。我、聊カ、日本ノ新聞ノヨイ
加減サ、軽薄サニ憤リヲ感ジザルヲ得ズ。西田氏を知ル者、皆、我ト義憤ヲ同フスルモノト
信ズ。（加藤の印　上官の朱書き）世間ハ世間、我ハ軍人ナリ。自分ノ修養第一ナリ
我ガ国体ト既成宗教、トイフ問題ニツイテ、之カラ、少シヅツ考ヘテ行カウト思フ。

四月二二日

我々ノ死後ハドウナルノデアラフカ。（信による取り消し線　上官の朱線あり）死トハ何ヲ意味
スルヤ。地獄・極楽トハ、果シテ在ルモノナルヤ。此ノ種ノ疑惑ハ、吾人ノ幼ケナキ頃ヨリ
抱ケルモノナリ。而シテ、果シテ、ソレハ解決サレヲルヤ。
否々、ソレハ依然トシテ未解決ノママ、吾人ノ胸底奥深ク、クスブリ（傍点あり）居リタルナリ。

カノ問題ヲバ、白日ノ下ニ曝スコトヲ恐ルルガ故ニ、故意ニ等閑ニ附シ居タルナリ。考フルコトヲ避ケヰタルナリ。

四月二三日

（戦陣訓第弐　皇軍〈7行記載〉）

（加藤の印）口語文・交リ。不可（上官の朱書きあり）

四月二四〜二五日（日付を含め記載なし）

四月二六日（戦陣訓　第三〜七　軍紀・団結・協同・攻撃精神・必勝の信念〈29行記載〉）

四月二七日（日付を含め記載なし）

四月二八日（戦陣訓　本訓　其の二　第一　敬神〈3行記載〉）

四月二九日（戦陣訓　第二〜三　孝道・敬礼挙措〈7行記載〉）

○母、会津ヨリ単身面会ニ来テ下サル。

四月三〇日（戦陣訓　第四　戦友道〈2行記載〉）

五月一日（日付を含め記載なし）

五月二日

昨夜夕食後、全員飛行場ニテ隊長殿ト漫談。談四方山ノ事ニ及ブ。
我等ニハ夢ガ多過ギル、ト。　ソノ他ニ（取り消し線あり）ソレカラ酒色を絶テ。ト。

五月三〜六日（日付を含め記載なし）

五月七日
演習終了後、全学生飛行場ニテ殿（ママ）長殿ヨリ、我等ノ愛国心ノ缺くるヲ厳誡。
休務モ返上セム。面会モ止メム。ソシテ唯々一途ニ、現在ノ本分ヲ盡スコトニ邁進セム。
現下ノ状勢、真ニ緊迫、予断ヲ許サザル者アリ。吾人ノ愛スル父母ヲ獣人ノ手ニ（朱線あり）
委ネルカ否カノ岐路ニ立テルナリ。
三千年ノ永キ伝統ヲ有スル我ガ民族ノ興亡ヲ賭クル、此ノ時ニ当リ、我等ノ個人ノ私情、私
欲ハ一切許サレズ。

五月八日（朱線あり）
大詔奉戴日[注3]ナリ。昭和十六年十二月八日!!俺ハ丁度、アノ頃ハ、中学ノ五年生ナリキ。
ソシテ、猛烈ナ吹雪ヲツイテ登校シテ、始メテ、我ガ海軍航空隊ノハワイ空襲ヲ知ル。
宣戦ノ詔勅ヲ知ル。アノ時ノ感激ヲ忘ルマジ。ソシテ、只管頑張ルベシ任務ノ完遂ニ努力セ
ム。（網点部分は信が染めて消しているが判読可能である）

活字ニ対スル渇望……何時カ区隊長ノ言ハレシ事アリキ。最近、猛烈ニ繁忙ヲ増スニツレ、自習時間等ニ、呆然トシテ、無心ノ如キ状態ニナルコトアリ。然る時、昔日親シミシ書物ニ対シ、ハゲシイ渇望ヲ感ズルコト多クナルヲ覚ユ。

之未ダ真ニ現在ノ本分ニ徹セザル証ナランカ。立派ナル一本立トシテ、戦場ニ在ル身分ナラバ、兎ニ角、我ハ、未ダ、修業中ノ身ナリ。此事ヲ深ク銘肝シ置クベシ。

五月九日　（日付を含め記載なし）

五月一〇日

飛行演習ナシ。飛行場整理作業。

ヤルコトダケハヤッタ。之ガ修養力。

五月一一日

午前中休務ス。寝台ニ入ルモ眠ラレズ。洗濯ヲナス。

父母、兄弟ヨリノ書簡、焼ク。断腸ノ思ヒナリ。（加藤の印　朱破線、朱線あり）

五月一二日　（日付を含め記載なし）

五月一三日

飛行演習、惨々ノ成果ナリ。助教殿ヨリ叱リヲ受ケ、ノミナラズ、一回ノミニテ、飛行停止。

昨夜ハ同ジ組ノ宗形、岩手出張ノ命ヲ受ケ、今晩十九時、館林ヲ去レリ。彼トハ、原隊以来ノ盟友タリ。友ヲ一人失ヒ、組ノ人数ハ三名トナリ。一抹ノ淋シサヲ免レザル処ニカテクハヘテ、助教殿ノ御機嫌ヲ損ズ。我等、唯悲歎ニ暮レ為ス処ヲ知ラズ。然シ乍ラ、我等ハココデクジケテハナラヌ。今日ノ事ハ今日ニテ済メリ。後ハ唯々明日ノ演習ニ立派ナ成果ヲ挙グレバヨキナリ。

五月一四日

小栗彰三　ペラ（傍点あり）ニハネラレテ、死ヌ。今夜、通夜アリ。第弐期特操ノ最初ノ犠牲者ナリ。身辺浄化ノ必要ヲ痛感ス。

五月一五日

小栗見習士官ノ葬儀執行。土田見習士官ノ弔辞、切々トシテ胸ヲ打ツモノアリ。彼トハ、相模時代[注4]、食卓ヲ共ニセル仲ナレバ、イカニシテモ、彼ト我トハ既ニ幽冥境ヲ異ニセルモノトハ思ハレザルモノアリ。只々彼ノ英才ノ空シク去レルヲ惜ム。隊長殿、訓辞ニモアル如ク、我等、只、彼ノ屍ヲ越エテ進マン哉。彼ノ英霊ヨ安ラカニ冥セヨ。

五月一六日

操縦上手ク行カズ。ユーウツナリ。

五月一七日

（戦陣訓　第六　責任〈8行記載〉）

（中略）「生死ヲ超越し一意任務の完遂に邁進すべし。身心一切の力を尽くし、従容として悠久の大義に生くることを悦びとすべし」（朱破線あり）

五月一八日（記載なし）

五月一九日

昨夜ノ区隊編成替ニヨリ、新兵舎ヨリ旧兵舎ニ移転ス。

低気圧ノ為、演習ナク、飛行場整備作業ヲ実施ス。霧雨ノショボ降ル中ヲ、黙々トシテヤル。今日ノ行動、何等良心ニ恥ズル所ナシ。朗ラカニ、又、何時モハモサーットシテヰル自分トシテハ之以上ナイハリキリ（傍点あり）デ以テ、一日ヲ過ゴス。

助教殿ハ川島軍曹ラシイ。併シ、未ダハッキリシタコトハ不明ナリ。

五月二〇日

今日モ亦、天候ノ為、飛行演習ナシ。為ニ、幾分、気分弛緩セル傾キアリ。遺憾ナリ。

母ヨリ葉書来ル。（朱破線あり）天長節[注5]ニ面会後、母ヨリ来ル書簡ハ、ソレ以前ト全ク趣キヲ異ニセル感アリ。子トシテ、非常ニ、嬉シク思フ。（朱破線あり）ソレ以前ノ母ハ、恋々タル肉親ノ情ノミニ馳リタル哀レナル母親ニスギザリキ。

五月二一日　（記載なし）

五月二二日

五白振ニテ飛行演習アリ。◯ハ案ノ定荒レニ荒レ居タリ。

隊長殿ノ訓話アリ。我々ハ知識人タル前ニ先ヅ立派ナ日本人タルヲ要スト。鹿地亘ノ例ヲ採ラル。

五月二三日

吾人ノ日常ノ生活、行動ハ全テ、単純ナル諸規定ノ履行ニ盡ク。

諸規定・諸法則ヲ唯々、~~確実~~（取り消し線あり）守ッテ居レバソレデヨシ。ソレデ、吾人ノ~~軍人~~（取り消し線あり）特操トシテ~~資格~~（取り消し線あり）云々サレル処ナシ。上司ヨリ深刻ナル反省ト修養ヲナセト言ハル。

併シ、一体、何ガ反省デアリ、深刻ナル修養デアルカ。ソンナモノハ到底、

五月二四日

飛行演習前段ノ前段ナリ。霧ノ一杯ニ立籠メタ飛行場モ亦ヨキ哉デアル。演習ノ出来ナイノハ残念ナレドモ。反省スベキコトナシ。

〈戦陣訓　第一〇　清廉潔白　本訓・其の三　第一戦陣の戒〈7行記載〉〉

五月二五日

飛行演習ノ上手ク行カザル時ハ、一日中浮カザル〈傍点あり〉気持ナリ。

五月二六日

〈戦陣訓　本訓・其の三　第二　戦陣の嗜〈6行記載〉〉

○後顧ノ憂ヲ絶チテ只管奉公ノ道ニ励ミ常ニ身辺ヲ整ヘテ死後ヲ清クスルノ嗜ヲ肝要トス。
屍ヲ戦野ニ曝スハ固ヨリ軍人ノ覚悟ナリ。縦ヒ遺骨ノ還ラザルコトアルモ、敢テ意トセザル様、予メ家人ニ含メ置クベシ。
○総ジテ武勲ヲ誇ラズ功ヲ人ニ譲ルハ武人ノ高風トスル所ナリ。
他ノ栄達ヲ嫉マズ己ノ認メラレザル恨マズ、省ミテ、我ガ、誠ノ足ラザルヲ思フベシ。

五月二七日

海軍記念日ナリ。
飛行演習、益々成果揚ラズ。謂フ所ノ「スランプ」ナランカ。助教殿ヨリハ惨々ニ叱ラレ、真ニ処置ナシトハ此ノ事ナルカ。~~不真面目ニテ揚周ノ経路ヲ誤ルニ非ズ。~~〈取り消し線あり〉
然シ此処ニテ、砕ケテハナルマジ。会津武士ノ名ニ背イテハナルマジ。唯々、誠モテ日々ノ

演習ニ　臨マンノミ。

五月二八・二九日　（日付を含め記載なし）

五月三〇日

昨日、眼根事件アリ。朝八時ヨリ夕方十九時マデ営庭ニ立ツ。不動ノ姿勢ナリ。スリ変ヘタ者出デズ。全部デ責任ヲトリ、血書ヲ書イテ提出。隊長殿ノ温情ニ感ズ。

演習ノ成果、之マデニ比ベテ、稍々ヨク、助教殿ヨリ、サシテ注意モ受ケズ。大イニ気分ヲ良クス。併シ、此処デ一息ツクハ不可ナリ。益々、奮励シテ演習ニ臨マンノミ。

五月三一日　（日付を含め記載なし）

六月一日

変ニ処スル覚悟

六月二日

（空中勤務者[注6]の嗜か　〈4行記載〉）

敵地上空ニ於テ一度飛行不能ニ陥リ、友軍ノ戦線内ニ帰還ノ見込ナキ時ハ、書類等を敵手に委ねざる如く処置し、潔く飛行機と運命を共にすべし。苟も生に執着して不覚を取り、或は皇国軍人の面目を忘れて虜囚の辱を受くるが如きこと断じてあるべからず。

俺ハ軽爆ニ廻ルラシイ。戦斗隊ノ華々シサハナキモ、運動神経ナキ、俺ニハ適合シタルモノト思ハル。

六月三日

陸軍大臣閣下、熊谷本校ニ来校、在校ノ少年飛行兵、第三期特別操縦見習士官ニ、訓辞アリ、ソノ要旨、隊長殿ヨリ伝達セラル。　一、吾人ノ責務ノ重大、二、航空力ハ精神力ノ問題ナリ、三、必勝ノ信念ヲ涵養セヨ。

校長閣下訓辞　敵ニ勝ツハ、己ニ克ツヲ以テ基トナス、ト。

更ニ、陸相ハ『日本男子トシテ本懐ヲ遂グルノ時、来レリ』ト叫バル。

愈々俺達ハ日本民族テフ、大イナル血ノ流レノ為ニ、一命ヲ捨ツベキ秋来レリ。（朱破線あり）

六月四日

演習ナシ。飛行場整備作業。

六月五日

堅実ニ一日ヲ送ル。

六月六日

森田助教殿、今度ノ移動デ戦地へ征カレルコトニナリ、明野へ行カル。
ホントニ、ヨイ、助教殿ナリキ。

六月七日

（空中勤務者の嗜　〈7行記載〉）

空中勤務者ハ烈々たる攻撃精神充溢し、事を謀るや綿密周到、任に当るや果敢断行、機に臨み変に応じては、冷静而も慧敏、克く機局を明察し常に主動に立ちて之に処すること肝要なり。

空中勤務者は特に心気明朗なるを要す。一切の我執を去り、躬行を慎み、日常に身辺を整理して後顧の憂を絶たば、心気自ら明朗となり、修練を楽しみ、喜びて任務に就くを得べし。然らば、危難恐るるに足らず。死も亦、意に介せざるの境地に入るを得ん。

其ノ日、其ノ日ヲ良ク反省シ将来参考トナルベキ事項ヲ記セ。

小心ニシテ沈着ヲ欠ク。モット肝ヲ作レ　（上官の朱書き　早川の印あり）

（半ページ　アキ）

六月八日（日付を含め記載なし）

六月九日

昨八日夜、戦地第一線へ転出ノ助教殿ノ歓送会アリ。酒宴トナル。見習士官モ亦、酒杯ヲ許サレ、大イニ愉快ニ飲ム。中ニ見習士官ニシカラザル態度ニ出ヅル者アリ、遺憾ニ思フ。

今朝七時半、校門ニテ助教殿ヲ見送ル。

六月一〇日

演習ニテ計器飛行ヲヤリ、頭ノ明瞭ヲ欠キ、着陸ニ大失策ヲナス。

夕飯後、助教殿ト一緒ニ飛行場ニテ雑談。楽シク過ス。夕暮ノ飛行場ハ久シ振リニテ、故郷ノ山野ヲ憶ヒ出（朱破線あり）サシメルモノアリ。

六月一一日

助教殿ニ単独(注7)ヲ出シテ頂ク。

六月一二日（日付を含め記載なし）

六月一三日

昨日、休務。午後外出ヲ許可サル。演習日ヨリモ、休務ノ日ニ却ッテ疲レルトハ如何ニ。

館林ノ町ヘノ外出ガ何ノ新鋭ノ気ヲ養フニ足ルカ。

六月一四日

修諸功徳モ、従ッテ、植諸徳本モ、仏果ヘハ連続シナイ。(注8)

六月一五日

一機に搭乗する者は、互に相信じ死生栄辱を共にすべし。

六月一六日 (日付を含め記載なし)

六月一七日

週番勤務ヲ命ゼラル。不肖其ノ任ニアラザルヲ痛感スルモ、命ゼラレシ以上ハ、粉骨砕身、其ノ任務達成ノ為ニ努力スル覚悟ナリ。将来、将校タル身分ニ在ル現在、今回ノ勤務ヲヨキ修養ノ糧トナシ得ルヤウ努メン。

六月一八〜二〇日 (日付を含め記載なし)

六月二一日

区隊勤務上番以来茲ニ五日。

六月二二〜二三日 (日付を含め記載なし)

六月二四日

区隊勤務下番、全身ノ疲レ一時ニ現出。
将来、将校トナルベキ自分ニハ、ヨキ経験ナリキ。
六月二五・二六日（日付を含め記載なし）
六月二七日
昨日ノ休務。足利マデ行軍、往復八里。
今日ノ飛行演習ハ滅茶苦茶。単独中止。
足利デノ二時間ノ自由行動。以テ新鋭ノ気ヲ養フニ足ルカ。
既ニ命ヲ君国ニ捧ゲシ、見習士官ニ、疲レ果テタ町々ノ、何処へ行ケト言フヤ。
外出ノ意味ヲ疑フヤ切。
六月二八日
飛行機故障ノタメ同乗中止。残念ナリ。
本願ヲ信ゼンニハ、他ノ善モ要ニアラズ。念仏ニ勝ルベキ善ナキ故ニ。
悪ヲモ恐ルベカラズ。彌陀ノ本願ヲ妨グルホドノ悪ナキ故ニ。云々。(注9)
六月二九日
反省ナシ

六月三〇日

計理検査無事終了。事前の緊張ニ比べテ、実際ノ検査ノ何ト呆気ナキコトヨ。

卒業モ、アト二〇日。

七月一日

死アル処、宗教ハアラネバナラヌ。

殉教ノ死。犠牲ノ死ハ貴シ。

我モ亦、血、ノタメニ死セン。

死ンデ　死ナザルコト。

七月二日

武士道トハ死ヌコトト見付ケタリ。(注10)

七月三日

今日ヨリ、愈々編隊飛行開始。卒業前ニ是非トモ単独デ出タイモノ。

隊長殿ノ訓話、感銘ナシ。見習士官ニハ忠君愛国ノ至誠ナキガ如キオ話ナリキ。

七月四日

ナシ

七月五日

雨中ノ飛行場整備。

田中少佐殿ノニューギーニア戦線ニツイテノ講話アリ。

戦斗、五戦隊残ルハ只九機トハ悲憤慷慨ニ堪ヘズ。

七月六日

俺達ハ現在ノ自分ノ任務ヲ忘レテハナラヌ。

七月七・八日（日付を含め記載なし）

七月九日

昨、一昨日、児玉飛行場(注11)ニテ生地離着陸。□成果アリ。

七月一〇日（朱線あり）

母、面会ニ来テ下サル。三日前ニ遥々、田舎カラ来ラレタノダガ、ヤット今日会ヘタ次第。

人間ノ肉体ト霊魂トニツイテハ、二元論ガ正シイト信ゼザルヲ得ズ。

七月一一日

又々、週番士官殿、点呼ノ必要ヲ認メズト言ハル。

（黒く一行消去の跡あり）

七月一二日

卒業モアト旬日ニ迫ル。俺達ハコノ館林教育隊ニ於イテ、何者ヲ掴ミ得タカ。

今、俺達ノ心中ニ最モ深ク植付ケラレテアルハ唯々操縦教官ト助教殿ノ浩恩ニ対スル深イ深イ感謝ノ念デアル。之以外ニ何者モナイ。敢ヘテ言ヘバ不愉快ナル印象デアルト言ヘヨウガ。

（朱破線あり）

七月一三日

恥ヲ知ル者ハ強シ。

七月一四日

編隊精神トハ、旺盛ナル気力ナリ。今日ツクヅクト痛感ス。

卒業迄、残ルハ僅カ一週日。演習益々佳境ニ入ル。内務ガタルンデキル。精神ノ緊張ヲ欠クト、イクラ週番士官殿ニ言ハレテモ、少クトモ、演習ダケハ、俺達ハ死物狂ヒデアル。

コノ点ニ（取り消し線あり）　俺達ハ、見習士官ハナッテイナイ殉国ノ至情ヲ欠クト言ハレテモ、此ノ点ニ、

七月一五日

軍隊ニ入ッテ俺ノ精神ハ若返ッタ。単純化シタ。ソシテ、ソノ反面、精緻サヲ失ッタ。

単純化シタト言フノハ善イ意味ニモ、又悪イ意味ニモトレル。
先日ノ外出ニ、館

七月一六日
イロイロノ軍装品来ル。イヤナ気ガスル。何モ俺達ハ将校ニナッテ、アノ青イ軍服ヲ着ンガタメニ、ココニ来タノデハナイ。皆俺ト同ジ気持ダト思フ。
（戦陣訓　序　〈3行記載〉）

七月一七日
（戦陣訓　第二　皇軍　〈5行記載〉）

七月一八日　（記載なし）

（裏表紙）中央上部にやや大きく　束縛　の2文字あり

注1　ゲツセマネ（ゲッセマネ）
ゲツセマネはエルサレムと平行してほぼ4㎞南北に走る小山脈オリーブ山の北西麓にあった地名で、新約聖書の福音書で知られる。オリーブの木の植えられた庭園風の場所だったため、ゲ

ツセマネの園とも呼ばれている。イエスはオリーブ山を東から超えて入城し、夜は東斜面の村ベタニアに泊まったという。また彼は、オリーブ山から神殿を眼下にしつつ世の終末について説教し、最後にこのゲツセマネの園で逮捕された。またこの地は、イタリアの画家ドウッチョの最高傑作『マエスタ』の「ゲツセマネの祈り」でも知られる。

注２　西田天香
１８７２〜１９６８年。明治〜昭和の宗教家。トルストイの「我が宗教」に啓発され、明治38（１９０５）年に京都に一燈園をひらく。托鉢・奉仕・懺悔の共同生活にはいり、のち財団法人光泉林や、すわらじ劇園などを設立した。昭和22（１９４７）年、参議院議員となり、緑風会の結成に参加。96歳で死去。滋賀県出身。本名は市太郎。著作に『懺悔の生活』がある。

注３　大詔奉戴日（たいしょうほうたいび）
太平洋戦争勃発後の昭和17（１９４２）年に、従来の興亜奉公日に代わって設けられた日。毎月８日をこの日と定め、戦時体制への国民の動員強化を図った。

注４　相模時代
信は、館林教育隊に入る前、神奈川県愛甲郡中津村にあった熊谷陸軍飛行学校の分教場として使用されていた相模陸軍飛行場に所属していた。

注5　天長節

第2次世界大戦前の天皇の誕生日の称。四大節の一つ。昭和23（1948）年、天皇誕生日と改称。

〔「天長地久」の語による〕

注6　「空中勤務者の嗜（たしなみ）」

昭和16（1941）年12月、陸軍航空總監部が作成した航空兵向けの教本

「一、剛膽にして彗敏

一、周到にして沈着

一、機に臨み果敢断行

一、特技に精熟兵器尊重

一、飛行機事故の絶無」

など航空兵の心得るべき精神などが説かれている。

注7　単独　教官が付かず、一人で操縦すること

注8　「修諸功徳（しゅうしょくどく）」「植諸徳本（しょくしょとくほん）」

共に浄土真宗の最重要教典である『大無量寿経』の一節。『大無量寿経』は法蔵菩薩が修行した末に阿弥陀仏となり、極楽浄土を建立したというものである。法蔵は四十八の誓いを立てて菩

薩の道を歩むが、『修養録』にある「修諸功徳」とは第十九願、「植諸徳本」は第二十願に記されたものである。「修諸功徳」とは、善行を積むなど様々な功徳を積むこと、「植諸徳本」とは諸々の徳本を植える（善行を行うこと）ことを指す。なおこのことについては考察を含めて次節（P223）で述べることとする。

注9　『歎異抄』第一条の後半部分。注8で触れたように、阿弥陀仏の力を信じるならば、他のどんな善行も必要ではない。念仏、すなわち仏の誓いを信じ、その願いに身を任せて南無阿弥陀仏と唱えることこそ、究極の救いの道である、というのである。

注10　「武士道トハ死ヌコトト見付ケタリ」　佐賀藩士山本常朝（つねとも）によって口述された『葉隠（はがくれ）』の一節。

注11　児玉飛行場　埼玉県児玉郡児玉町・上里町にあった陸軍飛行場。熊谷陸軍飛行学校の分教場として使用されていた。

4　『日記』『修養録』を読み解く

遺稿の掲載の仕方については、例えば手記の内容にまで立ち入って、こまごまと解説を与える必要はないという意見があることは承知している。それは確かに正論ではあるが、しかし長谷川信の遺稿には、キリスト教や浄土真宗などの宗教・信仰に関わる難解な事柄が多く含まれている。私は執筆の過程で、特に若い世代の読者のことを考慮した場合、解説等が必要であると感じた。長谷川信の個人史を編む場合には、特に宗教(キリスト教・浄土真宗)の理解がどうしても必要になる。これなくして信を洞察することは困難となるからである。

よって本書では、微力ながら、あえて解説を加えつつ、またいくつかの視点を設定して整理しながら読むという工夫をすることとした。それがこの第3章4(1)(2)である。また第3章4(4)(5)を含めて、宗教については、長谷川家の菩提寺である西蓮寺(真宗大谷派)の秋月慧氏とキリスト教教団猪苗代教会の新田恭平牧師から御指導・御教示をいただきながら記載させていただいた。お二人に感謝申し上げたい。

ここでは『日記』『修養録』の順に、これから示す視点に従って丹念に読み込み、後段では、私が特に気になった宗教上の記述、それに伴う信の心の変化、そして上官の検閲などについて若干触れてみたいと思う。

信の『日記』『修養録』に現れた書物・著者としては、『聖書』、『歎異抄』、ドストエフスキー、『純粋理性批判』(カント)、『愛と認識との出発』『出家とその弟子』(倉田百三)、『梁川集』(綱島梁川）、『キリスト教の本質』（ハルナック）、『死』（ブールジェ）そして『大無量寿経』などの宗教書・哲学書・文学書そして仏典などがある。これらの中には彼の語学力を生かして読んだ原書も含まれていたであろう。信は会津中学校時代に兄の蔵書に触れ、以後、読書を通して思索を深め、同志社大学・明治学院に入ってキリスト教を中心にさらなる研鑽を積んだ。信の知性や精神の形成と深まりが、多くの書物と、挫折を含めた経験によってなされていったのは言うまでもない。

『日記』と『修養録』の性格

『日記』は、信がつけていた全く個人的な記録である。信の本心を最もよく語っている一級資料である。信の弟、明は西蓮寺の「兵戈無用」碑の落慶法要のあいさつで、「あの日記は、いつも皆が寝静まったあと、便所の中でようやく綴ったものです。あの軍律厳しかった中、こんな内容がよくぞ見つからずに残されたと思います」と述べている。（秋月：２００２）

『日記』には、宗教（キリスト教・浄土真宗）、哲学、思想、学問への傾倒、活字への渇望、望郷の念、父母兄弟、そして思いを寄せていた女性Ｆのことも記載されている。また軍隊・戦争の愚劣さや嫌悪、人間の持つ獣性なども記されている。すべてとは言えないが、兵士の日記とは、武器による戦いの記録であると同時に、人間性を荒廃させていく不条理な力に抵抗する葛藤の記録という側面もある。

一方、『修養録』は、日々の訓練や修養の様子を上官へ提出した報告日記であって、信が採用と同時に準少尉的身分（曹長）で入隊した「特操」生であるにしても、軍隊批判など絶対に許されないものである。万が一書くとしても、極端に本音を抑えて慎重に言葉を選び、検閲を警戒した書き方をせざるをえない。いわば適応のための鈍麻も必要だったはずである。しかしながら信は、戦場で軍人の守るべき道徳・行動の準拠を示した「戦陣訓」や「空中勤務者の嗜」など軍人としての心構えを『修養録』に書く一方で「単純ナル『軍隊現象』ノ日々ニ、修養ノ糧ヲ何処ニ見出サントスルカ」と書き、また「隊長殿ノ訓話、感銘ナシ」と断じるなど、軍隊や上官への辛辣な批判を記して、そのまま提出している。当然のことながら検閲した上官からは、叱責を含めた添削指導を受けている。にも関わらず信は、その後もやや批判的に『修養録』を書き続けた。

私は、久世氏が『百年史』の中で鋭く指摘しているように、会津中学校時代の苦悶を経験して得た「自分の心を偽らない生き方を貫く」（P３９１）信の姿勢が、ここに現れていると思う。たしかに彼の『日記』『修養録』には、戦争という現実に対して弱音を吐く場面も度々見られるが、厳しい環境においても自分の考えをしっかりと主張する点に、内に秘めた芯の強さを感じるし、ここに信の特質があると思う。『修養録』に、上官の批判をかわすカモフラージュのような記述・表現はほとんど見当たらない。『日記』と『修養録』の2つを、器用に書き分けるというような意識も強く持ってはいなかったと感じている。

読む視点について

あくまで便宜上のことではあるが、私は、『日記』と『修養録』をいくつかの視点に分けて捉え整理することとした。なぜならこの二書には次のような点が交錯しているからである。絡み合った要素を一つ一つ丁寧にほどき、浮き彫りにしていくことが必要であった。その視点とは、

視点①　軍隊・戦争……軍や軍隊生活への批判、反戦、平和への思いなど
視点②　修養・精神的鍛錬……視点①と対照。任務への忠誠・精励、軍人の心構えや修養心など
視点③　宗教・学問……キリスト教・浄土真宗などへの信仰・信心。学問・本・文字への喝望
視点④　故郷・父母兄弟・恋人への思いなど

である。

『日記』『修養録』には、同じ日の記録に異なる視点の記述があるなど、視点①と視点②が矛盾しながら混在している。例えば『修養録』では、「戦陣訓」と軍隊批判が同じ日に連続して記載されたり、相反する考えが日替わりのように繰り返し述べられたりする。したがって不整合な記述に見えるが、それが迷いながらも前進した長谷川信という人間のありのままの姿なのであろう。自分を偽らない意思を根底に持ちつつ、現実の中で煩悶しながら生きる、矛盾をはらむ混交である。すべてとは言えないまでも、これは当時の学徒たちにも共通して言えることであろう。この発見は『日記』と『修養録』を通読・読解したことで得られた新たな成果である。

(1)『日記』について

『日記』全体を見渡してみると、個人的な日記ということで、前ページ視点の①③④の割合が多くを占め、視点②の割合は低い。視点別に代表的な記述を抜き出してみる。

視点① 軍隊・戦争について

・軍隊について信は、「今の俺のまわりの人間はボールを壁え打ち突けたら弾ね返つてくる、その様な心の持主ばかりだ」（昭和19〈１９４４〉年４月21日）

・「原隊に居つた時の幹候その他の試験。実に馬鹿々々しい。近代文化の精を極める之からの戦争に処する我が国の軍隊に文字を一字一句違へたらいかん……の原始的な非能率的な国民学校流のものが存在するとは只々あきれる許り」（５月10日）と書いている。形式主義に対する批判である。

・「母より送つてきた梁川集とハルナックの基督教の本質は○○○○により取上げ。（中略）こんな処で、何が深刻なる反省であり、何が修養であるか」。大事な本を取り上げられたこの日、腹に据えかねた信は同日の『修養録』にも「一体、何ガ反省デアリ、深刻ナル修養デアルカ。ソンナモノハ到底」（５月23日）と書いている。

・「落ち着かず。たゞ無意味に毎日を送る。（中略）上司の人達がガミ〳〵言へば言う程、俺達の内心は反撥する許り。誰が心服するものか」（５月14日）

・「内地では上官と部下との真の一致は到底生れない」（５月17日）

・館林教育隊の歴史上有名な「航空眼鏡事件」（第２章６）についても当然触れられている。「眼鏡を盗まれたという者がいて、犯人が出るまで、我らは就床を許されない。馬鹿バカしい。（中略）

区隊長来たり、竹刀をもって大いに荒れる。実に情けなくなる。こんな扱いをうけるかと思うと、卑屈になる。（中略）明日の飛行演習が気になる。なぜにこんなことをするのだろう。いま、四時十分前、とうとう徹夜す。朝八時から、再び十九時まで不動の姿勢。何ということか。今夜はまた夜食抜きだろう」（5月29日）

上原良司も、この日のことを自分の『修養反省録』に怒りを込めて「恥辱の日！」とただ一行、大きな文字で記録している。この事件を境に上官との乖離はさらに進んでいった。その様子は、6月半ばから7月にかけての『修養録』から読みとることができる。乖離の様子は、信と特操2期で同期の川畑博の述懐（第2章6）とも符合する。この日以降、上原の『修養反省録』にも上官とのさらに激しいやり取りが見える（上原・中島：2005：P174ほか）。

- 「俺達に死ねと要求する人達の私生活を、日常生活を俺は全く知らない」（8月12日）

戦争そのものについて、信は次のように書いている。

- 「軍隊生活も既に十二月以来早や半年だ。戦争？人間は戦争を十年も二十年も続けるに堪え得るだらうか。Eschatologie 世の終り近し！ Repent, the kingdom is near.」（4月25日）とキリスト教神学の終末論を記し、戦争はこの世を終わらせるものとしている。
- 「俺は人間、特に現代の日本人の人間性に絶望を感じている。恐らく今の人間程神から遠く

かけはなれた時代はないと思う」（4月26日）

・「今さつきまで自分の眼の前に居た男が、次の瞬間には冷い肉塊と化す。之は一体どういふことか。馬鹿々々しい事だ止そう」（8月12日）

・「懐疑　今の何も知らない子供達　彼等はあれでいゝ……」（10月22日）には、自分が生まれてきた時代への悔しさと戦争が始まる前の平和な時代への羨望が滲んでいる。

・「重苦しく迫つて来る命題に刃向つて、哀れな果敢ないあがきを続けて来た」（1月2日）

信の『日記』の最後、1月18日には「人間の獣性というか、そんなものゝ深く〳〵人間性の中に根を張つてゐることを沁々と思う。人間は、人間がこの世に創つた時以来、少くも進歩してゐないのだ。今次の戦争には、最早正義云々の問題はなく唯々民族間の憎悪の爆発あるのみだ。敵対し合う民族は各々その滅亡まで戦を止めることはないであらう。恐ろしき哉　浅間しき哉　人類よ、猿の親類よ」と人類を痛烈に批判した。戦争は人間が持っている弱さや獣性をえぐり出す。戦争をし続ける人類や社会への痛烈な批判と警告である。

視点②　修養・精神的鍛錬について

一方で『日記』には自分を律して刻苦精進する彼の姿が見られる。

・「俺は何も彼も棄てゝ、軍隊に入つて来たのではないか。親も兄妹も又Fも。俺はCosmopolitanだが又日本民族の血の一滴たることを忘れてはなるまい。而も我等の敵である米英兵の惨虐性に考へ及ぶ時、俺は潔くCosmo. の名を捨てる。平和主義を棄てる。そして飽く迄も戦ふ」（昭和19年5月10日）。平和主義者であるが、時と場合によって、つまり機縁によっては平和主義を捨てて戦わなければならない、という内なる苦闘である。

・「昨日午後から今日一日中Coolie　黙々としてやらう。不平を言はぬこと、理由の何によらず、ブツ〲こぼす時は、その時の心の状態と云うものは、後になつて反省する時、きいと恥しく思う様な類のものである。どんな苦しいことでも、楽しいといふか、充ち足りたといふか、とにかく明るい心でやることだ。そして倒れる迄やるんだ」（8月25日）

・「生への執着を捨てよ。望郷の憶を去れ」（9月27日）

・「要は任務の遂行にあると俺は堅く信じる。黙々と任務に邁進する、どんなにそれが地味な任務であらうとも」（11月27日）

・「不平と不満とはそれがいかに道理あり、と認めらるゝにしても（特に軍隊の生活にあつては）真の信者の生活からかけはなれたもの、あるべからざるもの、と俺は思う。黙々としていかなる精神的肉体的苦しみにも耐へて行く、之が俺にふさはしい在り方だ」（11月29日）

これらの記述には、戦争や軍隊という体制に不満を持ち苦しみながらも、自分に厳しく接し、前へ進もうとする信の誠実さが現れている。

昭和15（１９４０）年12月、同志社大学を辞めた後、親友広木仙也への手紙で信は自己分析して次のように書いた。「今迄俺は、少しでも不真面目ではなかった。その場合々々に他人には笑止に見えても、いつでも俺は真剣だった。俺は天地に對し、何恥じる所もないのだ」と。信の真面目さは言うまでもない。武揚隊で信と行動を共にし、生き残った力石丈夫少尉も、信を「かれは本当の文化人だった。訓練の時など決して動作はキビキビしたという感じではなかったが、いつもその態度には真面目さがあふれており、いかにも憎めない人柄が表れていた」と評している（『百年史』Ｐ４１３・４１４）。

そして戦死する年の年頭にあたって信は、昭和20（１９４５）年１月１日「無事に？？？明けて二十四才の年を迎う　今年こそ晴の最後を飾る年」と自分の任務を完遂する決意を述べている。これらの記述は視点①で見た記述と対照的である。

視点③　宗教・学問について

信は、生涯、洗礼を受けることはなかったが、キリスト教への信仰は最後まで続いた。キリスト教及び浄土真宗への傾倒、信仰に関する記述が『日記』の随所に見られる事が信の大きな特徴である。

• 「弥陀の誓願不思議にたすけられまいらせて、往生をば遂ぐるなりと信じて念仏申さんと思い立ツ心」（昭和19年4月20日）と『歎異抄』の第一条が記される。

• 「只神との交りのみが俺を慰め励ましてくれる。又神との交わりのみが真の交りである。いつわりなき交わりである」（4月21日）は信の強い信仰心を表している。人間同士の結びつきよりも神や宗教との結びつきを得ようとする思いは、4月26日の記述にも見られる。

• 「唯一絶対の道わ念仏のみ」（4月22日）

• 「戦争？人間は戦争を十年も二十年も続けるに堪え得るだらうか。Eschatologie 世の終り近し！ Repent, the kingdom is near.」から最後の「人間の理性は凡ゆる被造物中、神に最も近い。又最もよい神の本質の似姿である」（4月25日）には、信が、何とか理性によって自分を再構成しようとする苦悩が見える。「休務も何も要らん。い丶やうにして下さい」と自暴自棄の自分を記しながらも信は神を信じ、自分の苦しみを何とか理性によって意味づけようとする。なぜなら理性は神の姿に最も近く、被造物の中で神の領域に近づけるのは人間であるのだから……もがく信の姿である。

・「醜い骸を地上にさらすとも、俺は弥陀の傍にあつて永遠の平和な眠りに就くことが出来る」（5月10日）、「死の一瞬には仏の傍に召さる丶俺の姿を見て死にたい」（5月25日）

・「俺はいつのまにか浄土真宗の信者になつてしまつている」（5月10日）と浄土真宗へ傾倒してきた思いを率直に綴る。

・5月12日には、『聖書』と『歎異抄』両者の特色・魅力を、対比する形で述べている。仏基（仏教とキリスト〈基督〉教）併記の端的な表現である。「汝の魂は永遠に平和なるべし。柔かきものに満たされてあるべし。甘き乳流る丶パラダイスなるべし」。新田牧師の御教示によれば、この連続的表現はキリスト教で言う「愛唱聖句」、つまり自分の信仰の中心に置くキーワードのようにも聞こえるとのことであった。信が自分を保つ必要から出たものであろうか。

・「信仰さへありや、何ともないこつちや」（5月14日）とは信の中核である。

・「俺の心は空虚に、又ヒカラびて行くのは眼に見えて明かだ。それでそれを止むべくもない。傍観するばかりだ。あとは只仏にすがるほかない」（5月25日）

・「歎異も、Bibleも不必要な生活　さういふ生活に馴れて行つたら、恐しいことだ」（6月9日）、5月12日の『日記』同様、キリスト教と浄土真宗が併記される点が、信の『日記』と『修養録』の一つの特色である。これについては後に触れる。

・そして、次は戸ノ口の石碑に刻まれた一節、「俺にもたった一つできる。涙を流して祈ることだ」（7月20日）。とうとう自分は「祈る」ことしかできなくなった。生きてさえいれば愛する人々のために何かしらしてあげられるというのに……。無念の思いが「祈り」へと傾斜していったのがわかる。

・「信じ得る者は唯神のみ」（8月8日）、「明日の日を知らぬ命なれど唯々神の御前に、素直に、明るく、清く、一日一日を過さんと思う」（9月27日）。そして、「生への執着を捨てよ」（9月27日）、「穢土（えど）の生は生にあらず　まことの生は浄土にあり」（9月29日）という「来世」の表現が登場する。

・戦死した昭和20（1945）年に入ると1月2日「只一人にて生れ　死ぬるも只一人」と、浄土系の中心経である『大無量寿経』を引用し、同じ日に「人間は絶対的に孤独なり」「俺は、永遠に孤高（ヒトリ）である」と記した。常に我と共にあるはずの神の存在を否定したかのような書きぶりである。

学問や文字に対する渇望についても、『わだつみ』に掲載された兵士たちの多くが書き記しているが、信もまた同様である。

・「一寸不思議に思うのだが、インテリ部隊だといはるべき特操の中で、外出の度に本屋に行くのは俺一人しかない。誘つても来るものはない。（中略）戦友達は嘗て歩んで来た学生生活と云うものを、全然忘却としか言ひ得ない遠く彼方に捨て去つた現在の生き方をしてゐる」（11月８日）と書いている。また先述したように『聖書』『歎異抄』『梁川集』『基督教の本質』なども信は熱心に読んでいる。「散る日迄どれ位読めることか?!!」（12月10日）、文字に対する激しい飢餓（読むこと、書くこと、学ぶこと）はずっと信の中にあった。

視点④　故郷・父母兄弟・恋人について

愛する故郷、父・母・兄弟、そしてずっと思いを寄せていた女性Ｆのことを、信は青年らしく『日記』に綴っている。

・「死んだら、小石ケ浜の丘の上に、あるいは名倉山の中腹に、または戸ノ口のあたりに、中学生のボートを漕いだ湖の見えるところに、石碑をたて分骨をしてもらおうと思う」（昭和19年5月16日）。戸ノ口への思いはＦへの純粋な恋慕にも重なり、「Ｆに対する恋、俺は死ぬ瞬間までＦを恋続ける。Ｆを愛することにおいて、俺は純一無雑だった。一点の汚れもなかった。幸福だった。又、悲しかった。猪苗代湖、戸ノ口の静かな夕方、薄く霞のかかった、鏡面のような湖、あの寂かな喜びを、Ｆと分かちあいたかった。併し、それも空しい願い」（5月25日）。信の純粋なＦへの思いである。

・6月3日、東京にいたFを捜して「入営の数日前、東京を後にする時、何べんも、さまよった大塚のあの電車道。寮がどこにあるか知る術もなく。建物は殆ど真暗だった」と書き、恋する意味については、「恋は不思議なるもの　俺は恋をなすことによつて、このおくつけき(?)人の世にも、真に尊きもの美しきもののあるを知つた。そして又神への眼を活いてくれた」(昭和20年1月2日)と、Fへの純粋な思慕が神への開眼につながったと書いている。現実には恋愛の成就はならなかったようであるが、Fは、精神的な像となって信を信仰へと導いた存在であり、恋は信仰に入る通路になったということであろう。Fは近い将来、戦場へと向かう信にとって、切なさを伴いつつも、大きな慰みとなり、自らを支え充たす存在になっていたに違いない。このFは『わだつみ』にまったく登場しない。

父母、特に母への思いが『日記』には強く現れている。何度となく会津若松から館林まで信を訪ね、手紙を書いてきた母。最後の帰郷で何も言わずに出発した我が子を松本まで追って行った母である(第2章7)。大変僭越ながら、私が思うに会津の歴史ある大きな旧家に嫁入りした母シゲの気苦労は、大きかったのではないだろうか。また会津中学校の休学、同志社大学の中退、喜多方中学校への編入と、信に関わる心配も続いた。シゲの長男として生まれた信は、そんな母を間近で見ていたし、シゲもまた長子である信を頼りにしていたに違いない。シゲにとって信の聖戦への出征は晴れがましく、特攻隊という世間からみれば、いわば「英雄」「軍神」として見事、国のために散華することは誇りであり、結果としてそれは長谷川家におけるシゲの立場を支えることにもなったと推察する。戦争に納得できない信ではあったが、しかし親思いの信はこうした母の状況や気持ちをよく理解し、そんな母のために精励せねばという思いがどこかにあったと思われる。視点②で見たように、信は訓練に誠実に取り組み、出撃していった。

・「母より封書来る。母の文字文章、とても立派なものになつて来た。俺のお母さんだ。葉書や封書は一切とつておけないことになつてゐるが、俺はどうしても俺の死ぬ時迄、持つて置かう」(6月3日)。信は、最後の瞬間まで母の手紙を懐中に抱いていたのだろうか。

・日本を去り満州に向かう直前、「死ぬ前にもう一度吾が生れ、育まれた故郷の人達、山や川やを見て置きたかつた」(7月14日)

・遠い満州で「内務検査の日、寝台の前に立たせられて、呆然と向側の窓に移る雲を見つめる。信じ得る者は唯神のみ。亭は遙かなる仏印の地にあり。父、母亦然り。懐郷の想ひ切なり」(8月8日)

・「家から小包と写真と送つて来たのだけど、返事する暇なし。小包には実践理性批判あり、散る日迄どの位読めることか?!! 懐しい父上、母上、妹、弟、々の面影、飽かず眺め入ること

暫し」（12月10日）
幸いにも信の帰郷の願いは叶った。昭和20年3月、出撃前の最後の帰郷が認められ、両親・恩師夫妻らと最後の時を過ごしている（第2章7）。

（2）『修養録』について

次に『修養録』はどうであろうか。辞書によれば修養とは「心を磨き人格を高めること」である。当然のことながら『修養録』には視点②に属する軍隊での訓練や心身の鍛練などに関する記述が多い。しかし上官に提出する報告日誌にも関わらず、軍に対する批判など、信の本音が多く含まれていることに驚かされる。

視点①　軍隊、戦争について

館林教育隊入隊約1ヶ月半後の昭和19（1944）年3月14日、「ソコニアルモノハ、唯々喧騒ト、食べ物ノ話ノミ」、4月18日「戦陣訓」記載の直後に「単純ナル『軍隊現象』ノ日々ニ、修養ノ糧ヲ何処ニ見出サントスルカ」と、信は軍隊・軍隊生活というものに対して疑問を呈している。

猛訓練に取り組んでいる特操生に対して、隊長は「我等ニハ夢ガ多過ギル、ト。ソレカラ酒色を絶テ」（5月2日）と命じ、5月29日の理不尽極まりない「航空眼鏡事件」を経て、7月3日「見習士官ニハ忠君愛国ノ至誠ナキガ如キオ話」をした隊長に対して、信は「隊長殿ノ訓話、感銘ナシ」と率直に記した。隊の指導はあくまで厳しく、卒業間際の7月14日には「見習士官ハナッテイナイ殉国ノ至情ヲ欠クト言ハレ」ている。

館林教育隊の卒業を8日後に控え、一部の上官へ深い感謝を述べつつも信はこう記す。

・「卒業モアト旬日カニ迫ル。俺達ハコノ館林教育隊ニ於イテ、何者ヲ掴ミ得タカ。今、俺達ノ心中ニ最モ深ク植付ケラレテアルハ唯々操縦教官ト助教殿ノ浩恩ニ対スル深イ深イ感謝ノ念デアル。之以外ニ何者モナイ。敢ヘテ言ヘバ不愉快ナル印象デアルト言ヘヨウガ」（7月12日）。

文中の「不愉快ナル」には上官による検閲の赤い破線が引かれている。さらに卒業5日前の館林最後の記録には、「軍隊ニ入ッテ俺ノ精神ハ若返ッタ。単純化シタ。ソシテ、ソノ反面、精緻サヲ失ッタ。単純化シタト言フノハ善イ意味ニモ、又悪イ意味ニモトレル」（7月15日）と記した。皮肉を込めた？信の冷静な自己評価である。

入隊して比較的早い4月の段階で信は、軍隊というものの中で生きていくための考え方として

・「窮極マデ考ヘヲ押ツメテ行クハ、（但シ真摯ニシテ、暖カキ心ノ持主ニ限ルベシ）、吾人ノ生活ノ基底ヲ打壊スコトニナルト思フ。ヨイ加減ノ処デ止メル、――適当ノ個処デゴマカス、之現代ノ特色ナリ」（4月10日）、「吾人ノ日常ノ生活、行動ハ全テ、単純ナル諸規定ノ履行ニ盡ク。諸規定・諸法則ヲ唯々、確実ニ守ッテ居レバソレデヨシ」（5月23日）と記した。

これらの言葉は、彼が見つけた軍隊における処世術、いわば適応のための鈍麻を表している。現実と自分の考えの乖離の拡大が強まるほど、本心を隠して生活してゆく術も身につけざるを得なかった。

軍隊という組織の中で、信らは目の前で起こっていることをいかに解釈すべきか悩んだが、自ら判断し解決する方法はなく、最終的には解決への追及を「ヨイ加減ノ処デ止メル」他なかった。どう解釈すべきかというところまでは進んでも解決には至らず「兎に角、我ハ、未ダ、修行中ノ身ナリ」（5月8日）と思考を中止せざるを得なかった。「兎に角」とは、信を含む学徒たちが、不条理を無理矢理飲み込み、自分を何とか納得させようとさせた象徴的表現であった。現実の苦悩と学徒兵たちはいかに向き合い対処していったか、その一端を読み取ることができる。

視点②　修養・精神的鍛錬

『日記』と比較すれば『修養録』には、その性格上、視点②の修養・精進に関する記述が当然多い。まず目立つのは「戦陣訓」と「空中勤務者の嗜」の記載である。兵士の心得を示す「戦陣訓」を、信は昭和19年4月17日に「序」から書き始め、同月18・23・26・28・29・30日、5月17・24・26日、7月16・17日の計11日間書いている。また「空中勤務者の嗜」は6月2・7日に記載している。両者の記載（筆写?）は上からの命令であろうか。

「運動神経ナキ、俺」（昭和19年6月2日）、「何時モハモサーットシテヰル自分」（5月19日）……信は自分が本当にパイロットに適しているか悩んでいたが、訓練で失敗などがあれば、素直に反省し、次に生かそうとしている。例えば館林教育隊に入隊してまだ日も浅い2月29日には「明日は浮揚するまでは、確実に舵を保持してゐようと思ふ」、3月3日「今日ノ意気デヤリ通ソウト思フ」、3月15日「俺ハ、失敗ニ滅入ルコトハスマイ。失敗アッテ、上達ガアルノダト思フ」、5月25日、失敗した時には「浮カザル気持」となるが、5月27日「然シ此処ニテ、砕ケテハナルマジ。会津武士ノ名ニ背イテハナルマジ」、5月30日「演習ノ成果、之マデニ比ベテ、稍々ヨク、助教殿ヨリ、サシテ注意モ受ケズ。大イニ気分ヲ良クス。併シ、此処デ一息ツクハ不可ナリ。益々、奮勵シテ演習ニ臨マンノミ」と訓練がうまくいったことを喜び、そして自分を鼓舞している。

また戦争時あるいは軍隊における精神について、5月7日「我等ノ個人ノ私情、私欲ハ一切許サレズ」、翌5月8日には喜多方中学校時代に迎えた開戦（真珠湾攻撃）時の思い出として「俺ハ丁度、アノ頃ハ、中学ノ五年生ナリキ。ソシテ、猛烈ナ吹雪ヲツイテ登校シテ、始メテ、我ガ海軍航空部隊ノハワイ空襲ヲ知ル。宣戦ノ詔勅ヲ知ル。アノ時ノ感激ヲ忘ルマジ。ソシテ、只管任務ノ完遂ニ努力セム」、5月15日「屍ヲ越エテ進マン哉」、6月3日「一命ヲ捨ツベキ秋来レリ」と鼓舞している。そして、5月13日「唯々明日ノ演習ニ立派ナ成果ヲ挙グレバヨキナリ」、5月30日「奮勵シテ演習ニ臨マンノミ」、6月17日「将来、将校タル身分ニ在ル現在、今回ノ勤務ヲヨキ修養ノ糧トナシ得ルヤウ努メン」、7月14日「演習ダケハ、俺達ハ死物狂ヒ」これらの文章にも、任務の遂行と技能向上への強い思いが現れている。

視点③　宗教・学問

上官へ提出する報告日記としては、宗教や学問に関する記述が多いことに気づかされる。

•「昨年十二月一日、入営シタ途端、書物ト隔離シタ生活ハ、ズーット二ケ月間続ケラレタ。併シ、今ノ俺ニハ、聖書ト歎異抄ガアル。ココヘ、転属スル際、故郷ノ駅デ、父上ガワザワザ持ッテ

キテ下スッタ　コノ二冊ノ書物。自分ハ、隙ヲ見付ケ次第、ムサボルヤウニ、読ンデキタ。シベリアニ流サレタ　ダスタエフスキイニトッテ、バイブルハドンナ役目ヲ持チ得タカ。今、泌々ト彼ノ心境ヲ思フ。俺達ノ今ノ演習地内ノ生活ノ中ノ、一体何処ニ、過去ノインテリゲンツィアノ姿ガ認メラレルカ。過去ニ於イテ、身ニツケタ筈ノインテレクトハ、一体何処ニ影ヲヒソメテシマッタノデアラウカ」（昭和19年3月14日）。信は『聖書』と『歎異抄』を読むことができる幸せを書く一方、インテリジェンス（知性）不要という軍隊生活を嘆き、生涯キリスト教の愛の精神に生きた文学者でシベリアの監獄に送られたドストエフスキーと今の自分とを重ねている。

・「バイブル、ゲッセマネーノ悲痛ナル祈ノ個処ニ至ル。地方ニ在ッタ時集メタ宗教画ノ中ノ、絵ヲ憶ヒ出ス」（3月17日）と、『聖書』の一場面ゲッセマネの園や自分の思い出を記している。

また活字への欲求は抑えられず、

・「活字ニ対スル渇望……。（中略）最近、猛烈ニ繁忙ヲ増スニツレ、自習時間等ニ、呆然トシテ、無心ノ如キ状態ニナルコトアリ。然る時、昔日親シミシ書物ニ対シ、ハゲシイ渇望ヲ感ズルコト多クナルヲ覚ユ」（5月8日）と記した。

そして4月21日には、信が敬愛していたと思われる宗教家で、奉仕・托鉢・懺悔の生活を送り、一燈園を創設するなどした西田天香に対する毎日新聞の、いかにもゴシップ的で低俗な取り上げ方に不満を述べ、「西田氏を知ル者、皆、我ト義憤ヲ同フスルモノト信ズ。我ガ国体ト既成宗教、トイフ問題ニツイテ、之カラ、少シヅツ考ヘテ行カウト思フ」と記した。

4月22日「我々ノ死後ハドウナルノデアラフカ（筆者注：この部分には信による取り消し線がある）。死トハ何ヲ意味スルヤ。地獄・極楽トハ、果シテ在ルモノナルヤ」。今まで「故意ニ等閑ニ附シ」「考フルコトヲ避ケ」てきた死や死後について、現実の死が近づくにつれて信は、否が応でも真剣に問わざるを得なくなってきていた。

• 6月14日「修諸功徳モ、従ッテ、植諸徳本モ、仏果ヘハ連続シナイ」。これについては次の（4）で触れる。

• 6月28日『歎異抄』第一条の後半部分「本願ヲ信ゼンニハ、他ノ善モ要ニアラズ。念仏ニ勝ルベキ善ナキ故ニ。悪ヲモ恐ルベカラズ。彌陀ノ本願ヲ妨グルホドノ悪ナキ故ニ。云々」を引用している。自分の生きている現状について深い悲しみを抱き、その状態から何とか脱却しようともがいている人間にとって、念仏は一筋の光明であった。

• 7月1日には「死アル処、宗教ハアラネバナラヌ。殉教ノ死。犠牲ノ死ハ貴シ。我モ亦、血、ノタメニ死セン。死ンデ死ナザルコト」と「死」を6回連続して書き、7月10日「人間ノ肉体ト靈魂トニツイテハ、二元論ガ正シイト信ゼザルヲ得ズ」という考えを記している。

視点④　故郷・父母兄弟

検閲を受けながらも、信もまた他の兵士同様、故郷や家族への愛惜を記している。しかし、彼が恋した女性Fのことは一文字もない。

- 「昨夜カラ降リ初メタ雪ハ、周囲ヲ白一色ニ塗リソメ、雪ノ多カッタ故郷会津ヲ思ヒ出ス」(昭和19年3月5日)
- 「夕暮ノ飛行場ハ久ジ振リニテ、故郷ノ山野ヲ憶ヒ出サシメルモノアリ」(6月10日)

信が所属した特攻隊武揚隊を率いていた上官で、生き残った中村敏男少尉が残した『中村メモ』によれば、「時たま会食をする際、演芸会がもたれた時に長谷川君はよく『会津ばんだいさん』の歌を歌っていた。私もこの歌が好きでアンコールをしてもらったこともある。あのころから会津出身だということがわかったわけです」(『百年史』P413)。他の兵士同様、信の中にも常に愛する故郷があった。中村はまた「長谷川君は文学が好きであったと考えられることは、歌と同時に石川啄木の『一握の砂』を吟詠していたことがある」とも書いている(『百年史』P413)。親友広木によれば、会津中学校時代の信は戦前から戦後にかけて活躍した男性オペラ歌手藤原義江張りに声量が豊かで、歌は素晴らしく、また巷に流れる流行歌などは歌わなかったという。また信の『日記』11月29日には「砂山の砂にはらばい、初恋のいたみを遠く憶いずる日」を召集尉官に教えたとの記述がある。信は啄木の「ふるさとの山に向かひて～」も詠じたことであろう。

『日記』と『修養録』を見る限り、母シゲは、4月29日と7月10日の少なくとも2回、会津若松から館林に信を訪ねている。

- 「母、会津ヨリ単身面会ニ来テ下サル」（4月29日）
- 「母、面会ニ来テ下サル。三日前ニ遥々、田舎カラ来ラレタノダガ、ヤット今日会ヘタ次第」（7月10日）からは信のうれしさが伝わってくる。

母からの手紙は、館林時代の5月20日・6月3日と、満州時代の12月10日の計3回、落手の記載が見える。このうち5月20日に書いた葉書に関する記述「母ヨリ葉書来ル。天長節ニ面会後、母ヨリ来ル書簡ハ、ソレ以前ト全ク趣キヲ異ニセル感アリ。子トシテ、非常ニ、嬉シク思フ。ソレ以前ノ母ハ、恋々タル肉親ノ情ノミニ馳リタル哀レナル母親ニ過ギザリキ」は上官を意識した書き方であろうか。また5月11日の「父母、兄弟ヨリノ書簡、焼ク。断腸ノ思ヒナリ」には信の無念さが滲んでいる。

（３）『修養録』における上官の検閲について

『修養録』の信の記述に対して、検閲した上官からは、朱書きなどによる添削という形で指導が加えられている。添削指導以上の何かがあったのかどうかはわからない。『日記』『修養録』で、信が直接暴力を振るわれた記述は、４月26日の『日記』の「頬をこすられ」た記録のみである。この理由として将来の幹部候補生（将校：少尉以上）である特操見習士官（採用と同時に曹長、実質的には少尉に準ずる扱い）という信の、軍隊内での位置づけ（階級）が影響していたということはあったであろう。この点は留意する必要があると思われる。

前章６で見たように実態としては「航空眼鏡事件」に代表されるような現実が起こっていたのは事実である。また、いわゆる職業軍人の一部が、後から入ってきた大学出の学徒出陣の兵に対して、とても厳しく接していたことについて信は「俺達は初年兵扱いだ」「見習士官をあてがはれて、ほんとうの見習士官の待遇を受けようと思ったら大間違いなのだ」「上官と部下との真の一致は到底生まれない」と『日記』に書いている。

ここでは、Ｐ１５７～Ｐ１８４の表記ではわかりにくかった『修養録』の検閲の様子を、あらためて『修養録』の原本に記入されている○や傍線・破線なども表示して拾い出し、記録しておく。

4月21日、宗教家である西田天香に対する、報道のあり方に疑問を呈した信の記述に対して、上官は、「世間ハ世間、我ハ軍人ナリ。自分ノ修養第一ナリ」（朱書き）

4月22日「我々ノ死後ハドウナルノデアラフカ。」に朱線

4月23日「戦陣訓」の筆写で上官が「口語文・交リ。不可」と筆写の形式について指導（朱書き）

4月29日、最後の行　○「母、会津ヨリ単身面会ニ来テ下サル」（文冒頭に赤丸）

5月7日「吾人ノ愛スル父母ヲ獣人ノ手ニ」（朱線）

大詔奉戴日である「5月8日」の日付に（朱線）

5月11日「父母、兄弟ヨリノ書簡、焼ク。断腸ノ思ヒナリ」（朱破線・朱線　上官印あり）

5月17日（「戦陣訓」の一部）「生死ヲ超越し一意任務の完遂に邁進すべし。身心一切の力を尽くし、従容として悠久の大義に生くることを悦びとすべし」（朱破線）

5月20日「母ヨリ葉書来ル。天長節ニ面会後、母ヨリ来ル書簡ハ、ソレ以前ト全ク趣キヲ異ニセル感アリ。子トシテ、非常ニ、嬉シク思フ」（朱破線）

6月3日「愈々俺達ハ日本民族テフ、大イナル血ノ流レノ為ニ、一命ヲ捨ツベキ秋来レリ」（朱

破線）

6月7日「其ノ日、其ノ日ヲ良ク反省シ将来参考トナルベキ事項を記セ。小心ニシテ沈着ヲ欠ク。モット肝ヲ作レ」（大きく朱書　上官印あり）

6月10日「故郷ノ山野ヲ憶ヒ出サシメルモノアリ」（朱破線）

7月1日「死アル処、宗教ハアラネバナラヌ。殉教ノ死。犠牲ノ死ハ貴シ。我モ亦、血、ノタメニ死セン。死ンデ　死ナザルコト」（この部分の上欄に朱の二重線）

7月10日「母、面会ニ来テ下サル。三日前ニ遥々、田舎カラ来ラレタノダガ、ヤット今日会ヘタ次第。人間ノ肉体ト霊魂トニツイテハ、二元論ガ正シイト信ゼザルヲ得ズ」（7月10日の日付に朱線）

7月12日「不愉快ナル印象デアルト言ヘヨウガ」（朱破

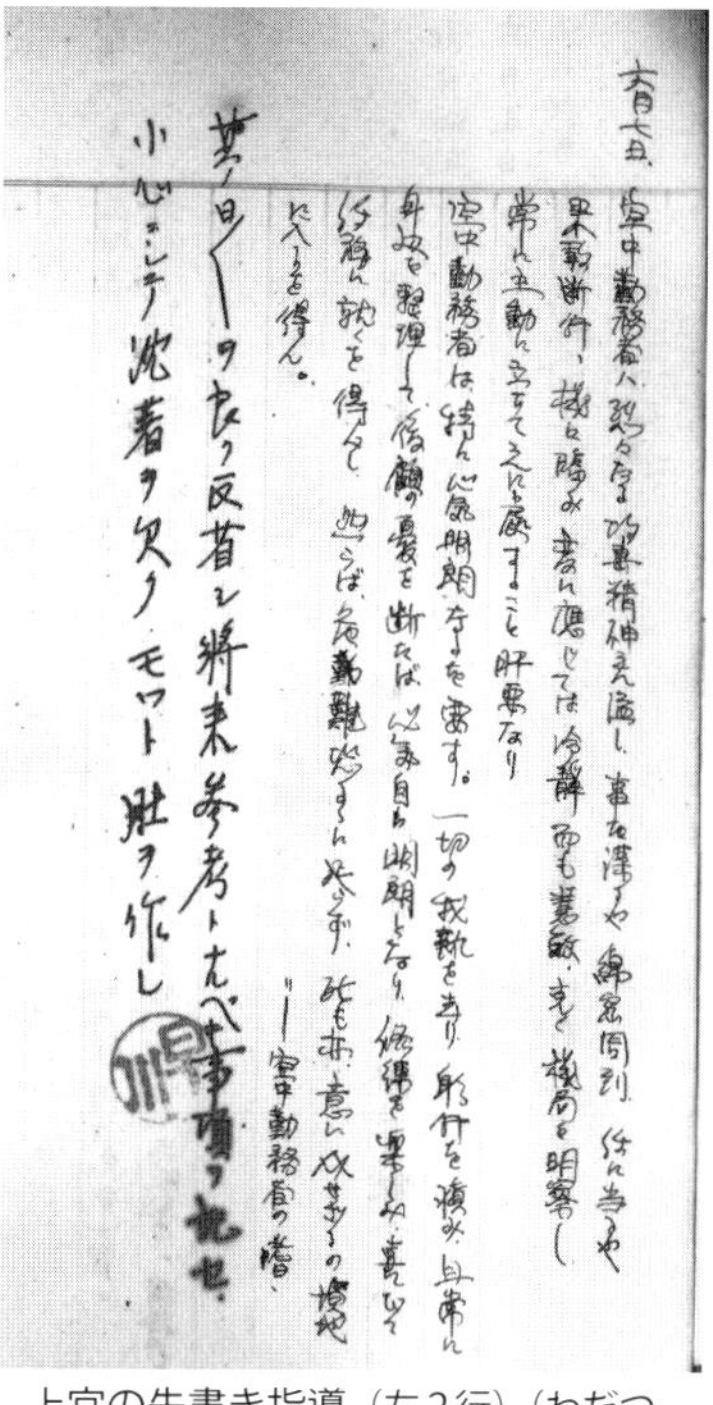

上官の朱書き指導（左２行）（わだつみのこえ記念館提供）

線）

以上、見てみると上官は、故郷・父母・母からの手紙など、いわば個人的なことや私情、宗教や死への疑問といった部分にチェックを入れていることがわかる。また逆に、修養に役立ち、戦意を鼓舞する「戦陣訓」の一節や、敵と戦う決意などの記述にも線を引くなどして注意を払っている。

特に目立つのは、6月7日の大きな文字で書かれた「小心ニシテ沈着ヲ欠ク。モット肝ヲ作レ」という上官の、いわば精神論的な評価である。また「口語文・交リ。不可」の書き方そのものに対する指導は、信が5月10日の『日記』に書いた幹部候補生試験などへの批判「文字を一字一句間違えたらいかん」と同様、非常に形式的なものと言えよう。

極めて厳しい軍隊教育の中で、信は自らを「疲れ果てた旅人」「俺の心は何処まで荒んで行くことか」と表現せざるを得なかったが、その一方で上官に反発して負けない強さも持っていた。自らの考えを表現するという、いわば「最後の自由」を、信は最後まで守ったと言えるだろう。

（4）『日記』『修養録』に見える宗教と心の変化

次に『日記』『修養録』を2つ並べ、信を洞察する上で要となる宗教に関する記述を中心に、時系列で信の心の変化を読みとってみたい。先述した視点③と重複する点もあるが、ご容赦願いたい。先述したとおり、本項（4）についても、長谷川家の菩提寺である西蓮寺の秋月慧住職及びキリスト教教団猪苗代教会の新田恭平牧師から御指導・御教示をいただいている。なお浄土真宗・真宗諸宗派や研究者によって様々な解釈の違いが存在することは予めお断りしておきたい。

まず両者で異なる点は、『日記』ではキリスト教に関する記述が多いのに対し、検閲を受けるためか『修養録』では敵性宗教＝キリスト教に関わる記述が少ないことである。実際『修養録』で信はキリスト教に関して、3月14日：バイブルの記述、3月17日：『新約聖書』中のキリストが逮捕されるゲツセマネの園の個所まで読み進めたという事実、この2つしか書いていない。逆に信は5月10日の『日記』に「俺はいつのまにか浄土真宗の信者になつてしまつている」と書いたとおり、『修養録』の後半では『歎異抄』や根本経である『大無量寿経』が、そのままの形で抜き出されている（6月14日、6月28日など）。これは勿論、信が単純にキリスト教から離れ、浄土真宗に進んだということではない。『日記』の最後まで神の記載は続いているし、後に触れるように、信の中で仏基（浄土真宗とキリスト教）両者が習合・融和していた可能性もある。

信が最後までキリスト教を信じ続けたことは言うまでもないが、本書では、『日記』『修養録』に実際に現われている記述を尊重し、『大無量寿経』や『歎異抄』を抜粋するなどして記述量が増加した浄土真宗を中心に記述することとした。

まず『日記』『修養録』の理解を深めるため、前置きとして浄土真宗の基本的な教えについて、ここで予め若干触れておくこととしたい。少し長くなるが、『真宗小事典』（P7～9）から引用する。

「浄土宗を開いた法然の弟子、親鸞を開祖とする真宗の教えは他力念仏である。他力というのは人間の思惟や能力を超えた大いなる仏つまり仏の力を意味し、その仏に絶対的に帰依するのが他力念仏である。

生きとし生けるものを救うために四十八の誓い（本願）を立てて、仏となった阿弥陀仏は、南無阿弥陀仏と名号をとなえるものすべてを救いとってその浄土（極楽）に迎えいれるとされるが、真宗の教えは、その本願の力が人間にはたらきかけ、この世においても安らかな人生がもたらされると説く。仏に全てをまかせきって生きることともいえるが、その『まかせきる』という信心さえも自分の力や特殊な修行によって獲得するものではなく、阿弥陀仏の力が人にはたらきかけ、それが人の心に受け止められて『信』となる。つまりすべてが仏の力によることから『絶対他力』といわれる。そして、信心が口にあらわれるのが『南無阿弥陀仏』という念仏であって、その念仏において、人は仏と一体となり、『浄土に生まれよ』とさしまねく仏のみ心のままに生きることができるとされる。

　ここには、宗祖親鸞の人間に対する深い洞察がある。親鸞は自己を含めて、現在の人間を『煩悩具足の凡夫』『煩悩成就の凡夫』とよんだ。煩悩とは、欲望・怒り・愚痴など、迷いや苦しみの原因となる心のありかたをいう。人が悪事をはたらくのも、煩悩のためである。仏教はこの煩悩から脱すること（解脱）を目的とした宗教で、仏教でいうさとり、すなわち涅槃とは煩悩が吹き消えた状態を意味する。しかし、親鸞は、煩悩具足のわれらは、いかようにしても煩悩から逃れようがなく、地獄に落ちるのは必定であると。そうした人間が、自分自身の力に頼って修行をつんでも、けっして真のさとりに達することはできない」（中略）

「阿弥陀仏は、このような煩悩に染まった人間を、まさに救いの対象としてはたらきかけている仏である。自分の力でさとりをえることはできず、また、仏教徒として守らなければならないとされる戒をも煩悩のために守ることのできない凡夫・悪人、このような人を阿弥陀仏は救おうとする。それが悪人正機といわれる教えである」

「阿弥陀仏が人を迎えいれるという浄土にしても……汚れのない美しい世界があることが信をもって受け止められるとき、この現実の世界にも光が満たされる。否定的、消極的な人生観も、より積極的な人生観へと転換されるだろう。

他力信心による生活は一口に『自然法爾（じねんほうに）』といわれる。自然とは『おのずからしからしめる』、法爾は『仏の教え、本願の真実のままに』という意味で、自然法爾とは自ら意図しなくても、阿弥陀仏の力によって仏と共に生かされるということである。与えられた人生を精一杯に生きながら、根本のところでは仏にまかせきっている状態ともいえる。煩悩の尽きない身には悩み・苦しみ・争いもまた尽きないものであるとしても、仏の慈悲と救済のはたらきを素直に受け止めるとき、いたずらにあせることなく、平穏な心が保たれる。この自然法爾ということは親鸞が晩年になって説き示したものであり、他力念仏の最も深い境地を表したものである」

信の『日記』や『修養録』には、こうした浄土真宗の考え方が表出されている。心の変化を時系列で見てみよう。

・3月14日『修養録』「今ノ俺ニハ、聖書ト歎異抄ガアル。ココヘ、転属スル際、故郷ノ駅デ、父上ガワザワザ持ッテキテ下スッタ　コノ二冊ノ書物。自分ハ、隙ヲ見付ケ次第、ムサボルヤウニ、読ンデキタ。シベリアニ流サレタ　ダスタエフスキイニトッテ、バイブル　ハ　ドンナ役目ヲ持チ得タカ」。彼は4月26日の『日記』でもドストエフスキーに触れ、『聖書』の大切さについて述べている。

・4月20日『日記』「弥陀の誓願不思議にたすけられまいらせて、往生をば遂ぐるなりと信じて念仏申さんと思い立ツ心」は『歎異抄』の第一条。

・4月21日『日記』「俺にとつて、只神との交りのみが俺を慰め励ましてくれる。又神との交わりのみが真の交りである。いつわりなき交わりである」

・4月22日の『日記』で「我も亦、民族的運命の流れの中の一泡子にすぎず、あがけど、あがけども、詮なし。(中略)唯一絶対の道わ念仏のみ。念仏に徹すれば最早逆雲なし」と、4月20日に続いて称名念仏に徹するという信心を書き始めている。

信が浄土真宗への傾倒を示した一因に、『歎異抄』の影響が大きかったことは間違いない。『歎異抄』第13条で唯円は、師親鸞との問答において、親鸞が、例えば人は機縁があれば人間を殺すことはありえる。しかし、殺すべき機縁がなければ、人は一人の人間をも殺すことはできないと語ったとしている。この親鸞の言葉は、入営し、近い将来、戦場＝殺生の現場へ向かう信にとって、大きな救いになったのではなかろうか。状況によって人は何をするかわからない、それが我々の本性・実存である……第13条は人間の意志に拠る倫理の不確実性を突いている。

4月22日の『日記』及び同日の『修養録』で、信はどうにもならない現実でも念仏に徹すると覚悟し、迫りつつある現実＝死とは何か、という問いかけを始めた。

• 4月25日と5月17日の『日記』には、信が理性によって自分をコントロールする苦悩が色濃く見える。信はいらだち自暴自棄となるが、神を信じ、彼が神の姿に最も近いとする理性によって、何とか自分を落ち着かせようとしている。

• 5月10日『日記』「俺はいつのまにか浄土真宗の信者になつてしまつている。基督の御教へは？」と浄土真宗への傾倒を記した。そして5月12日の『日記』では『新約聖書』と『歎異抄』を対比し、互いを補完するような形で、それぞれの特色を端的に述べている。信はここでも神と仏を併記している。信にとっては、浄土真宗の中心仏である阿弥陀仏も主キリストも、「絶対的存在」であることに変わりはなく、神か仏かをはっきりと区別しないという特徴がある。

• 5月20日『日記』「兎に角俺は今の儘じやどうしやうもない。〝魂の静かさ〟そんなものはもうどつかに吹飛んでしまつた。しんみりと一人机に向い書を読む境地　静かに瞑想を凝らす心

境　そんなものは最早、別世界のものになつてしまつた」

5月22日『日記』の「俺の目指すべき境地は〝偉大な凡俗〟」とは、凡夫であるこの私でさえお救いくださるというありがたさを言い表した信独特の最終表現であると考えられる。

・5月24日『日記』「あと、死ぬ迄に俺の心は何処まで荒んで行くことか」、5月25日『日記』「俺の心は空虚に、又ヒカラびて行くのは眼に見えて明かだ。それでそれを止むべくもない。傍観するばかりだ。あとは只仏にすがるほかない」にも変貌していく自分と格闘しながら、仏を心の拠り所にする彼の葛藤が現れている。

・6月9日『日記』「歎異も、Bibleも不必要な生活　さういふ生活に馴れて行つたら、恐しいことだ」とは5月14日『日記』「信仰さへありや、何ともないこつちや」の逆説的表現である。

・6月14日『修養録』「修諸功徳モ、従ッテ、植諸徳本モ、仏果ヘハ連続シナイ」は浄土真宗の核心に触れる言葉である。信は浄土教の中心経典である『大無量寿経』を、ここで引用している。

先述したが『大無量寿経』は、法蔵菩薩が修行した末に阿弥陀仏となり、極楽浄土を建立したというものである。法蔵は、すべての人々の救済を志し、四十八の誓いを立てて菩薩の道を歩み、長い時間をかけて、仏（阿弥陀如来）となった。その仏土が極楽浄土である。この四十八の誓願を、「阿弥陀如来の本願」といい、中でも最も重視されたのが「第十八願」である。南無阿弥陀仏と唱えれば救われるという教えを示す。信が6月14日の『修養録』に記した「修諸功徳」は次の第十九願、「植諸徳本」は第二十願に記された一節である。「修諸功徳」とは、善行を積むなど様々な功徳を積むこと、「植諸徳本」とは諸々の徳本を植える（善行を行うこと）ことを指す。浄土真宗では、自らが善行を行う自力を禁じてはいないが、最後は念仏を称え阿弥陀仏を信じることによって救われると説く。

信が記した「修諸功徳も植諸徳本も仏果には繋がらない」は浄土真宗の「三願転入」という考え方の端的な表現であると思われる。三願とは四十八願のうちの第十八願・第十九願・第二十願を言う。第十八願（至心信楽の願）では真実の信（他力信心）を浄土往生のための最も大切なものとし、第十九願（至心発願の願）は自力の修行による往生を、第二十願（至心廻向の願）は称名念仏のうちでも、それを自力の行とする者の往生を仏が誓ったものとされる。宗派によって解釈の違いがあるようだが、第十九願・第二十願は、あくまでも真実である他力信心の法門に人々を導くための方便（巧みな手だて）であるとする。第十九願・第二十願の自力の法門から、第十八願の他力の法門に入ることが「三願転入」である。つまり「三願転入」とは最終的に第十八願へとたどり着くプロセスであり、第十八願が四十八願の中で最も重要とされ「王本願」

「選択本願（せんじゃく）」と呼ばれる所以である。これは求道者であった親鸞自身が、阿弥陀仏に絶対的に帰依するに至ったプロセスを述べた信仰告白とも考えられている。信の６月14日の25文字の記述は、三願転入を簡潔に表現したものと言えよう。

・６月28日『修養録』の「本願ヲ信ゼンニハ、他ノ善モ要ニアラズ。念仏ニ勝ルべキ善ナキ故ニ。悪ヲモ恐ルべカラズ。彌陀ノ本願ヲ妨グルホドノ悪ナキ故ニ。云々」（『歎異抄』第一条の後半部分）も自分の死生の大事を阿弥陀如来に寄託して、少しも不安や不平を感じることがない、という境地であろう。

このように信は、５月10日に浄土真宗への傾倒を述べ、６月中・下旬には『大無量寿経』そのものに言及している。

・７月１日の『修養録』には、６回「死」という言葉が連続する。

・７月20日『日記』「俺は結局、いい加減に凡凡と生きて、凡凡と死ぬことだろう。だが、俺にもたった一つできる。涙を流して祈ることだ」（戸ノ口の碑文の基となった記述）。

ここまでの『日記』『修養録』を見る限り、信は４月には死を意識し始め、５月には現実との葛藤に苦しみを隠さず、６月に入ってからは、絶対的な神仏への信仰を強めていった様子が伺える。そして７月には死という言葉が続くようになり、死を考察する記述が現れるようになっている。また浄土真宗に関する記述が4月下旬以降増加し、かつ深められていった過程を読み取ることができよう。

・8月8日『日記』「信じ得る者は唯神のみ」
・9月27日『日記』「俺達の小さな命の犠牲が、愛する祖国、愛する父母兄弟の運命を全からしめるならば、俺達は喜んで死なう」と11月29日の「俺達の苦しみと死とが、俺達の父や母や弟妹たち、愛する人達の幸福のために、たとへ僅かでも役立つものならば　俺達は喜んで苦しまう、笑つて死なう」は愛する故郷や人々を守るために自分は死ぬのだ、という点で共通している。

ここで信の言う「愛する祖国」とは「国家」「国体」ではなく、あくまで故郷や愛する人々、そうした人々が住む祖国という意味であろう。上原良司は「悠久の大義に生きるとか、そんなことはどうでもよい。あくまで日本を愛する。祖国のために、独立自由のために闘うのだ」と最後のメモ・ノートに記している（上原・中島：２００５：Ｐ１９５）。

このことに関連し久世氏は『百年史』（Ｐ４１２~４１３）で次のように指摘する。「死に直面した多くの学徒兵たちは、戦争の実体を知れば知るほど、自己の戦死に意義を見出すことに苦しんでいる。かれらにとって、自分自身を納得させる論理があるとすれば、民族的エゴイズムの衝突としての戦争に負けることは、自分の愛する人びとの不幸を意味するのだから、それを避けるための自己の生命を捧げるのは人間としての義務だ、と割り切るよりほかになかった」。信の心境もまさにここにあったと思われる。

次いで9月27日の『日記』には「汝と汝の父母、汝の愛せる山河とは、唯御名を唱うることによつてのみ、永遠なる関係に繋がるゝなり」と書いている。汝という表記から「御名」とは、この場合、阿弥陀仏ではなく主キリストを表すものと解したい。また『日記』の４月22日にも「父母、兄妹と、又親しめる友どちと、……と俺とをつなぐ唯一絶対の道わ念仏のみ」と書いている。信の場合、あくまで神や仏を仲立ちとして愛する人々や山河につながるというのである。

これに関して『日記』の最後に近い１月２日に信は、19世紀に有神論の立場から実存主義を唱えたデンマークの哲学者キルケゴールの名前を記している。

既にキルケゴールと親鸞を対比比較した研究は数多くなされてきている（釈：２００２：Ｐ１１～１１２）。キルケゴールは、信の『日記』の中に一カ所のみ登場するが、信の過去の経歴や読書歴を考えれば、彼が有神論の立場に立つキルケゴールの言葉に触れていたと考えるのは自然であろう。キルケゴールの言葉に「キリスト教の教えによれば、愛は人と神と人との関係であること、いいかえれば、神が中間規定であることを教えるものである」（『愛の生命と摂理』

＝『愛のわざ』）がある（武藤他：１９６４：Ｐ１７９）。つまり神が自分と愛する者をつなぐ媒介者ということである。9月27日と4月22日の記述は、このキルケゴールの言葉と符合する。

キルケゴールは自己をこの世に存在させた根拠である神との関係を失い、本来の自己を見失った状態を「絶望」と呼び、精神の病としての「絶望」を「死にいたる病」としたが、絶望の中でも自分を見失わず、主体性を持ち続けることによって人間は宗教的実存に至るとする。その時、人間は神の前に単独者として一人立ち、自己を根底で支えている神に自己を委ねることによって、本来の自己を獲得するとした。

これに関し信は「信じ得る者は唯神のみ」「我を知るは唯神のみ」「唯一絶対の道は念仏のみ」「神との交わりのみが真の交わり」「只仏にすがるほかない」「唯々神の御前に……一日一日を過ごさん」「確かなるは……唯々神の愛のみなり」と繰り返し書いている。これらは神と仏が混在した形ではあるが、過酷な現実の中にあっても自分は神仏と共にあり、最後は両者（神仏）の力におまかせする。私の痛みと苦悩を知っている神仏にまかせつつ、その神仏の前に自分は単独者としてしっかりと立つ。信はそんな思いで日々を生きたのではないだろうか。また信は「俺は俺は、永遠に孤高（ヒトリ）である」（『日記』昭和20年1月2日）とあえて「ヒトリ」というふりがなを付して孤高と書いた。私はここに神の前に立つ単独者として精一杯生きようとする信の意志を読みとる。一方で信は「孤高!! 俺の好きな言葉だ」のすぐ後に「併し俺の目指すべき境地は〝偉大な凡俗〟」（『日記』昭和19年5月22日）と書いている。残された「生」への意志を持って私は立つが、一方で根本的なところでは、凡夫である自分を委ねることができるのは神仏である。これが信がたどり着いた一境地ではなかったのであろうか。

そして次に信は「唯御名を唱うる」と『日記』に記した二日後の9月29日の『日記』に、今度は仏教的な表現で「穢土の生は生にあらず まことの生は浄土にあり」と記した。自分は現世ではなく、来世で生きるのだ、という。来世は現世と異なり、敵を認め合い、共に生きる、反対する者も含めて共に生きる世界である。信はそこに「まことの生」があるという。

秋月住職によれば、浄土真宗では「通夜が人生の卒業式（往生）であり、葬式はあの世（浄土）への入学式である」という表現がなされるそうである。人は死をも超えて続く道を歩み始める。一般的に往生とは阿弥陀仏のおられる浄土に往き生まれることを意味するが、浄土真宗では真実報土（真実の浄土）に生まれると同時に、無余涅槃（究極的な悟り）を得て仏となる「往生即成仏」を説いている。『日記』の「穢土の生は生にあらず まことの生は浄土にあり」の表現もこのことを指しているのであろう。

では来世で生きるとは何か。浄土真宗には「還相廻向（回向）」という重要な教義がある。

浄土真宗において廻向（回向）とは、阿弥陀仏がその徳を人々にふりむけて救済の手を差し伸べることをいい、それを本願力（他力）廻向・発願廻向という。また、廻向には往相廻向と還相廻向の二種の廻向があり、人が浄土に往生して悟りを開くこと（往相）も、さらに穢土（この世）に還ってきて衆生（人々）を仏の教えに向かわせるとする（還相）も、すべて、阿弥陀仏の本願の力によるものであって、仏から人々に差し向けられたものであるとする。この往相と還相の二種廻向は浄土真宗の核心部であって、親鸞が主著である『教行信証』の冒頭で「謹んで浄土真宗を按ずるに二種類の廻向あり、一つには往相、二つには還相なり」と述べていることは、その重要性の現れである。

信は凡夫である私が阿弥陀仏の本願によって往生すること、すなわち現世→来世という「往相」について「往生をば遂ぐるなりと信じて念仏申さんと思い立ツ心」（『歎異抄』第一条）を引用するなどして触れている。しかし、来世→現世、すなわち、この世に還って人々を救う「還相」について明言してはいない。よって確証はなく、推測であるが、自分が生きて帰ることはできないのであるなら、浄土に往生した後、向こうの世から現世にいる愛する人々や祖国のために尽くそう……仏となって人々を救う……信の「穢土の生は生にあらず　まことの生は浄土にあり」という記述は、この「還相」を意識したものではないのか。またこれは『歎異抄』第

５条の「有縁を度すべきなり」つまり浄土に往生して悟りを開いたならば、まず縁のある家族や縁者や仲間から救っていけばよい、という教えにも通じるものであろう。

これは信にとって希望の光となり、残り少ない現世を生きる糧にもなっていったことであろう。

出撃前の最後の帰郷を果たした時、彼は恩師の小林先生に、上官に取り上げられた『歎異抄』を再度所望し、それを携えて再び戦地へと出発していった。「散る日迄どの位読めることか?!!」、残されたのはわずかな時間であるとわかっていても、再び『歎異抄』を自分の側に置いて人生最後の時を過ごそうとしている。『歎異抄』は最後まで信の心の拠り所であり、暗夜の中で足元を照らす灯火であった。

信は苦痛と恐怖の「死」に対してではなく、どう生きるか……残された「生」に最後まで目を向け続けた若者と言えるであろう。否定的・消極的な人生観も、より積極的なものへと徐々に転換していったのではないであろうか。

しかし、最後に信は、自分が生まれた時代・社会というものに対して決して黙ってはいなかった。昭和20（１９４５）年1月、近い将来迎えるであろう今生の別れを前に、ついに信は「人類よ、猿の親類よ」と怒りを爆発させ、突き放すように書いた。累々と積み上がってきた時代・社会に対する様々な悲憤慷慨を『日記』の最後で一気に吐き出した。

- 1月2日『日記』「弱きもの、哀れなるもの、汝の名は人類。猿よりも劣るべし」
- 1月18日『日記』「人間は、人間がこの世に創つた時以来、少くも進歩してゐないのだ。今次の戦争には、最早正義云々の問題はなく唯々民族間の憎悪の爆発あるのみだ。敵対し合う民族は各々その滅亡まで戦を止めることはないであらう。恐ろしき哉　浅間しき哉　人類よ、猿の親類よ」

各民族同士の対立、各民族の総体である人類、戦争を繰り返す人類を敢えて「猿よりも劣るべし」という極めて低劣な表現で信は斬った。信の止み難い憤りである。『日記』はここで途絶えている。信はここで『日記』を打ち切ったのであろうか。

とても残念であるが、この1月18日以降の『日記』79日分については不明である。『日記』の原本がないため、それが未発見のためであるのか、信が打ち切ったことによるものなのかはわからない。戦況の変化と共に訓練は激しさを増し、加えて2月10日には特攻隊に選ばれるなど、身辺はより多忙となり、『日記』を書くこともままならなくなったのであろうか。あるいは心境の変化であろうか。

信がここで自ら『日記』を打ち切ったとすれば、1月18日の記述が『日記』における信の絶筆ということになる。この日をもって人類への別れを告げたような激しい表現である。

2月10日に特攻隊に選ばれて、間もなく出撃する信の心を窺い知ることができる材料は、松本浅間温泉（2月20日～3月29日）と最後の帰郷時における言動等であろう。松本での疎開してきた子供たちとの触れ合う様子、残された「征き征きて　生命死にゆかむ」の遺墨、最後の帰郷時の小林先生宅における落ち着いた態度、改札を振り返ることもなく出て行った姿、そして祖国を離れる直前の小林夫妻宛の葉書に見られる乱れぬ文字、そして「シアワセデシタ」の葉書……いつの時点からか、詳細にはわからないが、信はこの79日の間に、最期への覚悟を徐々に固めていったものと思われる。

しかし、最後の最後、いよいよ日本を離れるとき、信は自分の本心を記した『日記』や『修養録』を生み育ててくれた会津の両親に送った。厳しい軍律の中で書き継いできたこの記録類こそ、信の本心を表す最終的なものであった。それらは自分がこの世に生きてきた証明であり、偽りのないものである。せめて最愛の両親には自分の本心を伝えてから逝きたい、悔いなくこの世に別れを告げたい。自分の分身を送るような思いで、信は発送したに違いない。そして、その時に信は、ついに現世と決別するという最終的な気持ちの整理をつけたのであろう。

（5）「神仏」併記の表現をめぐって

ここまで何度か指摘してきたが、信の『日記』や『修養録』の中には宗教、特にキリスト教と浄土真宗に関する記載が数多くみられる。その記載の際に、例えば「神」（キリスト）と「仏」（阿弥陀仏）を一緒にして「神仏」と表現したり、同一日の『日記』に、キリスト教と浄土真宗両者への信仰が併記されたりしている個所（例：「今ノ俺ニハ、聖書ト歎異抄がある）も散見する（『日記』4月20日・5月10日・12日・6月9日・9月27日、『修養録』3月14日）。

私は初めて『日記』『修養録』を読んだ時、神仏（キリストと阿弥陀仏）併記に違和感を覚えた。日本と外国、浄土真宗とキリスト教という、一見遠く隔たった宗教を同列に記述していることへの初歩的かつ素朴な疑問である。

仏教とキリスト教、特に浄土真宗とキリスト教は強い罪業観を持つという点で構造上の類似点がある。さらに浄土真宗とプロテスタントとの近似性については、日本に初めて宣教師がやってきた段階で既に指摘されている。イエズス会（カトリック）の宣教師として天正7年（1579）に来日したヴァリニャーノは、日本への活字印刷機の輸入に尽力したことでも名高いが、彼は著書『日本巡察記』の中で「阿弥陀や釈迦が、人々に対していかに大いなる慈愛を示したかを強調し、（人間の）救済は容易なことであるとし、いかに罪を犯そうとも、阿弥陀や釈迦の名を唱え、その功徳を確信しさえすれば、その罪はことごとく浄められる。（中略）これはまさしくマハティン・ルーテルの説と同じである」と述べている。ルーテルとは宗教改革をリードしたマルティン・ルターのことである（松田：１９８８：Ｐ31　釈：２０１６：Ｐ30）。ルターは、自力の救いを求める努力の限界に直面して、自力によらない「信仰によって義とされる」という考えを自己の問題を解決するものとして再発見したとされる。

　キリスト教と浄土真宗は、それぞれ絶対的な存在である神と阿弥陀仏を信じる、信心ひとつで救われると説く点で、一神教的かつ救済型の性格を共に有している。浄土真宗の場合は、多くの仏の中から阿弥陀一仏の道を歩むため、「選択的一神教」と評する場合もある。ただキリスト教の神と阿弥陀仏とは根本的に異なる点もある。例えば阿弥陀仏は造物主ではないという点などである。

　キリスト教の中にも違いはある。例えばプロテスタンティズムには、教派によって違いはあるが、①「信仰のみ」、②「聖書のみ」、③「万人祭司」の3原理がある。①は人が神の前に義とされるのは、善行の功績や儀礼的なサクラメント（秘蹟：救いにあずかるのに必要な儀式　プロテスタントでは礼典）によるものではなく、神々に対する心からの信頼としての信仰によるというもの。②は、拠り所はあくまで聖書の啓示、つまり聖書原理であるということ。③はキリスト教信徒はすべて祭司であって、教会はこうした人々の集まりである。つまり「神の前では平等」であるとの原理である。

牧師（プロテスタント）は信仰教育や説教や教会運営の専門的訓練を受けた教会の教職者＝教義者であり、妻帯し、子供をもうけ、一般的な家庭生活を送る。これに対し神父（カトリック）は聖職者であり生涯独身である。こうした牧師のあり様は、妻帯して子供を持つという日常の生活を送った親鸞と同様である。さらにカトリックは教会の権威と伝統を重視し、ピラミッド型の大きな組織構造を持ち、礼拝は儀式を中心とするのに対して、プロテスタントは福音主義を理念とし、個人が直接に神へとつながるとする。信徒の中から牧師が選ばれる「万人祭司」の仕組みは、牧師と信徒の立場は平等であることを示している。この点でも生涯教団をつくらず、非僧非俗で庶民とともに生活しながら生き、僧は同朋（同じ教えに生きる友）の一員とした親鸞の考え方に近い。僧と一般衆生（悪人）との距離は近く、阿弥陀の前で人々は皆平等であるとする。様々な点で浄土真宗とプロテスタントの類似をある程度指摘することは可能と言えよう。

神と仏の混在……私のこの素朴な疑問を解く手がかりの一つに『日記』の冒頭、昭和19（1

９４４）年４月20日に書いた「急に梁川が読みたくなった」がある。信は５月23日の『日記』で、母が送ってきた『梁川集』が、上官によって取り上げられたことを嘆いている。梁川とは、キリスト教の洗礼を受けた宗教家の綱島梁川のことである。梁川には病床での宗教的体験をもとに書いた『予が見神の実験』や『病間録』『回光録』などの著作があり、広く読まれた。神を見たという体験談が語られ、大きな話題ともなった。また梁川は『修養録』４月21日に登場する一燈園の創始者、西田天香や、哲学者の西田幾多郎にも影響を与えた人物である。

　先述した素朴な疑問に関して注目されるのは、キリスト教と浄土真宗の親和性、近似性に関する梁川の次のような記述である。次に、著作から抜き出す。

「思ふに、阿弥陀如来の絶対他力を唯一の恩寵と打すがる浄土真宗の一派は、非人格神的、理論的、自力的、因果的なる原始佛教即ち釈迦教そのものよりも、寧ろ一見相對峙せる基督教と宿縁なる絲に繋がるゝふしありといふべく、同一なる大慈悲者の前に歸命一念を捧ぐる彼等は、畢竟皆同朋同行にあらずや。一切の宗教的狭陋の心事を超脱せる達観者よりして之れを見んか、如来教と神子教とは、竟に同一意識の深慮に融會抱合せられて蔚々たる信仰の大樹と生ひたつべき新發展運命を有する也」（『聞光録』『明治文学全集46』Ｐ３８０）。

「浄土真宗と基督教とは、血脈啻ならざる親しさを有している。如来の本願といふか、基督教の神がその最愛の魂と生ふし立て給へる基督をだに此世に下だして衆生済度に念々を砕き給へるは何等崇高なる大慈悲の本願力なるぞや（後略）」（「病窓雑筆」『明治文学全集46』P391）。

梁川はキリスト教と浄土真宗が、それぞれキリスト・阿弥陀如来という一神・（選択的）一仏を信仰とするという意味において、両者の類似性・習合性を説いた。仏基両教の信仰上の差別は撤廃された、としたのである。信も入営地に持参した『梁川集』などによって、この考えに触れていたことであろう。

綱島梁川は、禅宗や浄土真宗から大きな影響を受けながらも、最後までキリスト教信仰にたっていた人物と評されている。梁川は仏教においては親鸞・浄土真宗に深く共鳴し、その具体的表れの一つとして自分の手紙の冒頭や最後に南無阿弥陀仏と記している。また陶山努によれば、梁川は、死期が近づいた病床で南無阿弥陀仏の念仏を唱え、親しい知人に「この頃は歎異抄を、只、頂いてをります」と話している（『明治文学全集46』P414）。キリストの姿を見たとして、世に大きな影響を与えた梁川が、絶対他力の念仏に遇い、只ひたすらに『歎異抄』を頂いているという姿はとても意外である。

信は、「いつのまにか真宗の信者になってしまっている」と書いているが、私は梁川の考えや最晩年のあり方が、信に影響を及ぼしたのではないかと考えている。信は最後まで洗礼は受けていないが、「信と望と愛に生きる」（昭和15〈１９４０〉年12月12日書簡）とはっきり書いているように、ずっとキリスト教に触れ、プロテスタント系の同志社大学や明治学院にも進んだ。一方で浄土真宗の寺（西蓮寺）を菩提寺とし、中学校時代から『歎異抄』に触れ、入営後も『聖書』と共に『歎異抄』を「ムサボルヤウニ読ンデ」きた。そんな信の背中を、親和性を説く梁川が押した可能性は充分にある。この点については久世了氏も「信がこれらの著作に深い共感を覚えたであろうことは想像に難くない」（『百年史』Ｐ７２３）と指摘されている。

梁川の著作などを通して、キリスト教と浄土真宗は、信の中で習合し、共存していったものと推定する。秋月住職も指摘されていたが、共に自分を救ってくださる仏基両者を行き来するのは、信にとってそれほど不自然なことではなかったのではないかと思われる。ましてや、戦地に向かう追いつめられた状況下にあって、宗教の垣根を越えて神仏にたよる心は強まっていったに違いない。

先述したように信は洗礼を受けていない。また宗教者（神学者・司祭・牧師）、専門家でもない。一方で僧侶として出家もしてはいない。しかし、深く仏基両教を学び続けている。信はキリスト教の教えを軸として生きる、という基本を保ちつつ、幅広い視点を持っていた彼は、特に入営後、仏基両教を抱えて生きたのであろうと推測している。そして、両者の親和性を説く梁川の考え方そのものも、信に安堵を与え、信を支える大きな力になっていたと考える。「急に梁川が読みたくなった」とは、信の両教への渇望であり、「信仰さえありゃ何ともないこっちゃ」に見える信仰とは、信の場合、少なくとも両教を指す言葉なのであろう。

信は仏基両教を深く研究した。そして信は、念仏を通じ阿弥陀仏に自分をまかせるのと同時に、キリストへの信仰を捨てることはなかった。私のそばには、最後に自分をまかせられる神（キリスト）と仏（阿弥陀仏）がいらっしゃる。「神仏」という並列の表現は、信の中で両者が通底していた故の素直な表現と捉えている。

第4章　まとめ　～特に若い君たちに贈る～

　ここまで信の生涯に触れ、『日記』と『修養録』を実証的に紹介し、できるだけ丹念に読み込んできました。

　まず長谷川信の資料を記録に残せたことは大変有意義なことだったと思っています。ただ根本資料となる『日記』の現物が、未だに行方不明であるということが、大きな障壁になったことについては、完全な復元を目指す私にとって本当に残念なことでした。まえがきで大きな資料的限界と書いたのはこのことです。しかし、『日記』の復元に関して言えば、現時点でやれることは、ほぼすべてやれたと思っています。そして完本とはなりませんでしたが、そこから学ぶべきことはたくさんあったとも考えています。

長谷川信の生涯をふり返って

元明治学院学院長の故久世了氏は、執筆した『明治学院百年史』（P419）で、信の一生について簡潔明瞭にまとめています。

「心身ともにすぐれた青年であった長谷川信の一生は、余りにも短く、あたかも『死ぬために生れてきた』ように、むなしく終わった。その短い生涯を、かれはさまざまな苦難の中で、精いっぱい誠実に生き抜いた。とりわけ、軍隊生活という環境の中に身を置きながら、かれは、真面目にみずからの生について考え、やがてぶつかるであろう死の問題に深く思いを馳せ、みずから参加しつつある戦争についても、思索を続けた。そして、みずから肯定することができなかった戦争のために、その命をすてざるをえなかった。それは、単に長谷川信ひとりの悲劇ではなく、学院に学び、そして戦場に臨み、死をよぎなくされたすべての者に共通の悲劇であった」。

信は最後、祖国に殉じた形とはなりましたが、心の内では戦争や軍隊について反対の考えを強く持ち続けていました。矛盾を抱えながらも精一杯考え、誠実に生きた若者であったと思います。

今回、不完全ながら『日記』と『修養録』原本を併せ読むことができました。この二つを読んでいくと、当時の青年の心の中で感情と理性がぶつかり合い、心は揺れに揺れていたことがわかります。視点①と視点②の対比で明らかになったように、戦場という最終到達点に向かってはいるものの、一貫して自らの主張が明確に続いていくわけではなく、大きく揺れ動きながら最後の瞬間に向かってもがいている、その葛藤が読み手に伝わってきます。軍隊を批判しつつ誠実に訓練に励む。戦争に反対しながらも戦場に向かう。この矛盾に見えるものが、まさに現実の長谷川信の姿であり、単純ではなく、とても捉えづらく、それだけに奥深いものでした。

人間は誰しも、日頃から意識的であれ無意識であれ、多かれ少なかれ矛盾を抱えて生きているのではないでしょうか。人間が論理的に首尾一貫した態度をとり続けることは、現実にはなかなか難しいことです。戦争という大きなテーマについて考えていく時にも、まず素直に、こうした人間というものへの理解を念頭に置く必要があると思います。このことは石川明人氏も著作の中で述べられています（石川：２０１３）。

私は執筆を通して、こうした実に人間臭い「生身の人間」「等身大の青年」にやっと会えた、と感じました。『わだつみ』の一節だけではわからない、誠実に生きようとしたが故に悩み多く、しかし希望を失わない、しかしそれでも再び揺れ動く……ありのままの長谷川信の姿が、ようやく見えた気がしました。

戦後、信は『わだつみ』に掲載されたことによって、多くの人々に知られるようになりました。本は読み継がれ、その後は特に『日記』最後の部分（昭和20年1月18日）が信を物語るシンボリックな表現として紹介されてきた歴史があります。この部分が、とても重要な個所であるのは間違いありません。ただ『日記』『修養録』全体を通読して感じたことは、それをもって彼を反戦の旗手のようにのみ捉えることへの違和感です。繰り返しになりますが、今まで読んできたように彼は、鋭いナイフのごとく理路整然、首尾一貫して反戦を訴え続けた訳ではありません。反戦の強い意志を根底に持ちながらも、人間としての弱さをたくさん露呈し、苦悶し、自分を励ましながら前に進んだ一人の若者でした。今までの長谷川信のイメージとは少し異なる…それが『日記』『修養録』を読んで思った私の率直な感想です。

通読によって人間・長谷川信を、トータルで捉えることができたのは意義深かったと思います。むしろ様々な要素が複雑に交錯する一人の人間のメッセージだからこそ読む側に生々しく迫ってくると感じました。また一方で、全体を読むことで信のメッセージ性が失われた、あるいは弱まったということでは決してないとも感じています。

『日記』『修養録』の読み解きを通して

私が執筆を通して感じたことを簡単にまとめたいと思います。

①まず指摘しておきたいのは、入営地にあって、自分の考えを書き続けた行為自体が勇気あることであり、大きなメッセージであるということです。戦場や入営地において「書く」という行為は、極限の意思の発露であって、自分がそこに生きている、生きてきたことの証明です。信の『日記』や『修養録』は、自分を偽らずに記された、信の身代わりであり、貴重な記録遺産です。

②2点目は、やはり反戦・反軍の訴えです。確かに『日記』『修養録』の表現は、矛盾する要素が交錯していました。しかし、それでも『日記』の最後に彼が叫んだ「人類よ　猿の親類よ」など、1月2日と18日の『日記』に象徴的に見られる戦争への痛烈な批判、そして視点①で指摘したような多くの記述は、信の考えを特徴づける、極めて重要な点です。当時の社会への強い批判と未来への警告は、時代を超えて現代の私たちに平和の尊さを訴え続けていると思います。

③彼の救いとなった宗教や思想というものの存在です。これも『わだつみ』だけではよくわからなかった部分です。入隊後の厳しい環境の中でも彼の信仰は最後まで途切れることはあり

ませんでした。「神が常に守って下さることを信じます」「共に、信と望と愛に生きむ」（昭和15年12月12日書簡）……信仰に根差した強さを、彼は最後まで持っていました。間もなく戦場に向かう自分をいかに整理し、死ぬまで日々をどう生きていくべきなのか。閉塞を破れない現実の中で、信はキリスト教と浄土真宗という、いわば「救い型」「救済型」の宗教を入隊後も信じ続け、神仏に自分を委ねつつ、残されたわずかな、かけがえのない「生」に目を向けて、人生最後の時間を誠実に生きました。戦時における兵士の精神遍歴と宗教との関係、宗教の持つ意味を知るうえでも信の記録はとても貴重なものです。

④注目したいのは、戦争・軍隊という強い力が人間・長谷川信の心を追い込んでいったプロセスです。軍隊生活や戦争が兵士の人格をいかにスポイルさせていくか、いかに「心は空虚に、又ヒカラびて行く」（5月25日『日記』）か、という過程です。私は信の『日記』『修養録』の大きな特徴の一つは、彼の心のこうした変化を克明に追えることだと思っています。

入隊後、彼は戦争や軍隊生活に疑問を持ち、当初は半ば自暴自棄となりながらも、理性をもって自分を何とか維持しようとしました。しかし、迫ってくる現実の死を否応なく意識せざるを得えなくなりました。信の場合、そこで信仰はいっそう強まり、「神仏」に身を委ね、残された「生」に目を向けようと考えるに至ります。この細かな過程は、『わだつみ』だけではわからず、今回の翻刻で初めて明らかになったことです。

私はこの過程にも、戦争の持つ本当の恐ろしさが潜んでいると思います。「戈」すなわち兵器の怖さも計り知れませんが、人間性の剥奪やコントロールもまた戦争が持つ怖さです。信は『修養録』で軍隊・戦争という時代を「窮極マデ考ヘヲ押シツメテ行クハ吾人ノ生活ノ基底ヲ打壊ス」と表現しました。「生活ノ基底」には、各人の心も含まれるでしょう。

灯台下暗しですが、『わだつみ』冒頭の「感想」で、編集に関わった渡辺一夫は、次のように述べています。

「僕は、人間が追ひ詰められると獣や機械になるといふことを考へるのであるが、人間らしい感情、人間として磨きあげなければならぬ理性を持っている青年が、かくの如き状態に無理やりに置かれて、もはや逃げ出る望みがなくなった時、獣や機械に無理やりにされてしまう直前に、本書に見られるやうなうめき声や絶叫が、黙々として立てられたことを思へば、もはや、人間を追ひつめるような、特に若い人々を追ひつめるようなことは一切、人間社会から除き去らねばならぬことを秘々と感ずる。戦争といふものは、いかなる戦争でも、必ず人間を追ひつめるものである」（『きけわだつみのこえ』Ｐ７）と。

この指摘は重要であり同感です。

ある授業

ここで、ある授業の様子を紹介させてください。

今まで勤務してきた高校の歴史の授業で、私はなるべく地元の遺跡・考古資料、地名、民俗資料、絵図など様々な郷土の資料を教材として使ってきました。また地元会津出身の人物、例えば山川健次郎・新島八重・山川捨松・秋月悌次郎・自由民権運動の人々など、立場や考え方の異なる人物のことも極力伝えてきました。長谷川信もその一人です。

以降はある高校での授業の一コマです。

授業の始まりに私は、「君たちは100円あったら何をする？　何を買う？」と問います。「100均・回転寿司……」いろいろな答えが返ってきます。私はカバーもなく、付箋がいっぱいついたヨレヨレの『わだつみ』（岩波文庫　旧版）を見せて、「これはね、私が古本屋で100円で買った本だ」と伝えました。私が最初に買った『わだつみ』は、古本屋の店頭にあるバーゲン用の箱に入れられて100円で売られていたものです。今から30年ほど前のことです。

私は、本を手にして「自分の人生の中で、この１００円ほど価値ある１００円はなかった！」と告げました。とても有名な本というのは以前から知っていて、何気なく手に取り、１００円ならば、という軽い気持ちで買ったこと、でも家に帰って読み出したら、当時の若者が綴った人生最後の本音＝「遺書」に涙が止まらなかったこと、胸打たれた言葉に付箋を付けていったら、貼りきれなくなったことを話しました。そして私の棺には、この本を必ず入れてほしいと家族に伝えていることも……。

生徒たちの何人かは、面倒くさそうな表情を見せます。しかし、信の遺稿を含む『わだつみ』のプリントを読みだすと、間もなく教室は一様にしんと静まります。生徒の表情が徐々に変わっていきます。言霊とも呼ぶべき兵士の遺稿には力があります。私は、専門用語や、今の生徒諸君には理解できないその時代特有の用語等を除いて、あまり解説はしません。生徒の解釈・理解に任せます。

感想文が返ってきます。真剣な文章です。私も心して読みます。時には自由に発表し合い、ディベートしてもらいます。これはすばらしい時間となります。皆、大切なことをわかってくれていると実感します。伝えてよかったと感じる時です。

信の遺稿を読んだ生徒の感想文をごく一部ですが紹介します。

「この言葉にどれ程の怒りが込められているのだろうか、どれ程の痛みが込められているのだろうか。きっと私は想像し得ないだろうし、それは今幸せである証明なのだろう。だが、幸せであることは過去に目を背ける理由にはならない。想像し得なくとも、理解し得なくとも目を向けねばならないと思う」。

「全てとは言えないかも知れないが、戦争とは憎しみの連鎖によって生み出されてしまうものだと思う。そこからは何も生まれないと思う。そういった正義の不鮮明な争いは、この人（長谷川信）が言うように、どちらかの滅亡まで続くだろう。だから人は、自分たちにとっての正義を考える上で、必ずしも同じでない相手の正義に対しても考えなければならないと思う」。

こうした感想は、前に進むための非常に重要な気づきだと思います。

過去を知り、現在を見つめ、そして未来を考える　～　歴史を学ぶ意味

私が、現在・未来を生きる私たち、中でも若い世代の方々に訴えたいことは、過去を振り返り、それを土台にして今を見つめ、自ら考え、冷静な目で判断する力を備え、未来を共に作る力を持って欲しいということです。

実はこの歴史から学ぶという点についても、『わだつみ』が生まれるさらに2年前の昭和22（1

９４７）年に刊行された『はるかなる山河に』という本のあとがき「『戦没学生の手記』に寄せて」で、編集に関わった教育学者の三井為友が、次のように書いています。これも灯台下暗しの感がありますが、『わだつみ』の前身、原点ともいうべきこの本において、将来の日本をどのように作っていくか、その前提となる文章です。

（戦争という）「怒濤のようなあの数ケ年を、しずかに振りかえつて見ようとしないことは、焼け跡が、崩れたま、見捨てられているのに似ている。あまり片附けもせずに、応急のバラックを建てて、それが『ついの住家』のように思いこんで平気でいる人も居る。見捨てられているところには雑草が生えて、一見、天然の緑地のように思われるので、もうこれでよいのだと思っている人も居るようだ。だが、こんなことで本当の建設があるだろうか。私たちは今こそ、あの焼跡のしつとりとした重たい土を手にとりあげて、噛みしめてみる必要があると思う」と（１９４７：Ｐ２３２）。

戦争は終わったばかりだが、過去をふり返ってしっかりと考え、教訓としたその土台の上に新しい日本を築いていこう、前に進んで行こうではないか、という訴えです。

これは時代を越えて「歴史を学ぶ意味とは何か」を教えている文章です。土の味は苦く、作業は時に痛みを伴います。歴史資料は実にたくさんありますが、信の記録（遺稿）は特に重く、難解な部分も多く、読むこと自体、なかなか大変で苦労されたことと思います。しかし、それはとても大切なプロセスです。「温故知新」「彰往考来」……歴史を明らかにし、考えることは、現在をきちんと理解し、未来を指向することにつながります。複眼的に様々な考えや立場のものを、見る、聞く、読む。それを大切にしていただきたいと思います。

私が信の生涯を通して痛切に感じ、最も訴えたいことは、やはり悲惨な戦争を二度と起こしてはならない、ということ。そして強い平和への願いです。今を生きる私たちは、こうした過去の声をきちんと拾い上げて、例えば書き残して後世に伝えていく必要があります。戦後75年が過ぎて、戦争を経験した方々、直接体験を語ってくださる方々が、ますます少なくなっている今こそ、伝えていく重要性はいっそう増しています。ささやかでも消せない個人の記憶や記録の掘り起こしもまた大切なことです。

昭和・平成も終わり令和の時代となりました。時が経てば経つほど、人の記憶というものは薄らいでいきます。信を含む兵士たちやその他多くの人々の尊い犠牲の上に、今の平和があることを決して忘れてはならないでしょう。

今、「戦争」だけでなく「核」の問題も大きくなり、人類の滅亡までどの位かを示す世界終末時計は「あと1分40秒」となりました（令和2年1月現在）。これは米ソ冷戦以降、最短の記録です。そして「新冷戦」という言葉も生まれています。

また人類は、戦争だけでなく、人種差別・民族問題、そして世界を揺るがしている疫病など、広い意味での「平和」をどうするのかが問われています。そして、人類を含め、あらゆる生命が乗り込んでいる私たちの「地球号」をどうするのか、いわば、全ての土台…最も根本的な「環境」「温暖化」の問題についても、全人類の叡智が問われています。

実に様々な問題が現代社会には存在します。しかし、今を生きる私たちは、人類がこれまでに作ってきた様々な正負の過去＝「遺産」から学ぶことができます。

微力ながら本書が過去を知り、平和を願い、未来を切り拓く一助になってくれればと心から願っています。

最後に

途中の幾度かの中断を含め、長谷川信を知る旅は6年が過ぎました。信の動きから内面の探索へと続いた長い旅も今終わろうとしています。

書く前の段階で、戦後13年も経ってから生まれた私が、本当に当時の事情や価値観、信の考えや心情を深く理解し洞察することなどできるのか、また宗教とは縁遠い日々を送り、専門家でもない自分が、どれだけのことを『日記』や『修養録』から汲み上げて解釈し、表現できるのか……それは大きな難しいテーマでした。しかし信の貴重な記録と人生を、可能な限り現在及び後世に残し伝えたい、という思いが優りました。

当初、私は『日記』『修養録』という客観的資料を、そのまま読者に提示するにとどめ、後はそれぞれの解釈にお任せする。それがよいと考えていました。しかしお読みいただいたとおり、信の遺稿には宗教・哲学的な部分を含めてとても難解な部分が多く、特に若い人たちのことを考えたとき、理解を助ける工夫が必要である、と感じたことから、悩んだ末にあえて第3章4を加えました。その結果、この加筆に多くの時間を費やすこととなりましたが、それが長谷川信という人物を深く理解するための重要な時間であり、プロセスであったと思っています。

第3章において、私なりの解釈をしてまいりました。私は今後、読者の皆様による『日記』と『修養録』の深い読み解きがなされることを、心から願っております。それがこの本の大きな目的の一つです。私の非力、不識については御寛恕を請うばかりです。

最後になってしまいましたが、まずは、ここまで特段の御理解と御協力を賜りました長谷川聡様はじめ御遺族の皆様に厚く御礼を申し上げます。また貴重な資料の解読をお許しくださった、わだつみのこえ記念館の渡辺總子・山辺昌彦様、『明治学院百年史』の著者で、数々の貴重な御教示やアドバイスをいただいた敬愛する元明治学院院長の（故）久世了先生、そして木暮修也現学院院長様、明治学院歴史資料館の小杉義信様、浄土真宗・キリスト教について様々な御教示を賜った西蓮寺（長谷川家菩提寺）住職の秋月慧様と日本キリスト教団猪苗代教会牧師の新田恭平様、極めて貴重な資料を提供してくださったきむらけん様、暖かい励ましをいただいた喜多方高等学校時代の恩師である杉原陸夫・堀幸一郎・秋山辰榮各先生方、幅広い有益な御助言をいただいた奥会津書房の遠藤由美子様、そして郷土史の掘り起こしに長年力を注ぎ続けている歴史春秋社の阿部隆一社長をはじめ植村圭子さん、新城伸子さん、その他お世話になった数多くの皆様方、そしてこれまで支えてくれた大切な家族に、あらためて御礼を申し上げ筆を置きます。

そして、この本を長谷川信に捧げます。

関連年表

年	政治・外交	社会・経済	長谷川信の動き
大11（1922）	2 日中両国、山東懸案解決条約調印。海軍軍縮条約・九カ国条約調印。南洋庁官制公布。 6 加藤友三郎内閣成立。 8 陸軍、山梨軍縮を公示。	3 全国水平社創立大会京都で開催。 4 日本農民組合、神戸で結成。治安警察法改正公布（女性の政談集会への参加を許可）。 7 日本共産党、非合法に結成。	4月12日 会津若松の老舗菓子商の家に生まれる。
大12（1923）	4 石井・ランシング協定廃棄。 9・1 関東大震災。第2次山本権兵衛内閣成立。日銀震災手形割引損失補償令。 11 国民精神作興に関する詔書。 12 難波大助、摂政宮裕仁親王を狙撃（虎ノ門事件）。	7 日本航空（株）設立、大阪・別府間定期航路開設。 9 亀戸事件。支払猶予令（9・1から30日間のモラトリアム実施）。甘粕事件。	
大13（1924）	1 清浦奎吾内閣成立。第二次護憲運動始まる。政友本党を結成。 6 加藤高明護憲三派内閣成立。以後、8年間政党内閣続く。 7 小作調停法公布。	12 婦人参政権獲得期成同盟会結成（1925・5 婦選獲得同盟に改称）。	
大14（1925）	1 日ソ基本条約調印。 3 衆議院、男子普通選挙法可決。治安維持法可決。 4 陸軍現役将校学校配属令公布。 8 加藤高明憲政会単独内閣。	7 細井和喜蔵『女工哀史』刊。 11 東京環状線電車全通。	

	12 農民労働党結成（書記長浅沼稲次郎）即日結社禁止。		
大15・昭元（1926）	（大正15／昭和元）・3 労働農民党、大阪で結成（委員長 杉山元治郎）。 4 労働争議調停法公布。 12 社会民衆党結成（委員長安部磯雄）。日本労農党結成（書記長 三輪寿壮）大正天皇没。昭和と改元。	1 共同印刷争議。 4 日本農民組合分裂、全日本農民組合同盟結成。	
昭2（1927）	3 金融恐慌。 4 兵役法公布。期間3週間のモラトリアム。 5 田中義一内閣、山東出兵を声明。 6 憲政会・政友本党、合同して立憲民政党を結成（総裁浜口雄幸）。東方会議。 7 対支政策綱領を発表。	12 東京地下鉄道、浅草・上野間開業（日本初の地下鉄）。	
昭3（1928）	2 初の普通選挙実施。 3 三・一五事件。 4 田中内閣、第2次山東出兵を決議。 5 済南事件。第3次山東出兵。 6 張作霖爆殺事件。治安維持法改正。 7 特別高等課、全府県設置を公布。 8 パリ不戦条約調印。 12 日本大衆党結成。	5 全国農民組合（全農）、日本農民組合・全日本農民組合の合同により創立。	
昭4（1929）	4 四・一六事件。 6 政府、中国国民政府を正式承認。 この年、産業合理化政策、本格的に開始。	10 小西本店、初の国産写真フィルム（「さくらフィルム」）を発表。	小学校入学。

昭5（1930）	1 金輸出解禁実施、金本位制に復帰。 4 日米英3国、ロンドン海軍軍縮条約調印。統帥権干犯問題おこる。 5 日中関税協定調印。 9 桜会結成。 11 浜口首相、狙撃され重傷。	9 ドル買い問題化。 10 特急「燕」号、東京・神戸間を8時間55分。台湾霧社事件。 この年、昭和恐慌。	
昭6（1931）	3 三月事件（軍部政権樹立を企図）。 4 第2次若槻礼次郎内閣成立。 6 中村大尉事件。 7 万宝山事件。 9 柳条湖事件（満州事変始まる）。 10 十月事件。 12 若槻内閣、閣内不統一で総辞職。金輸出再禁止を決定（金本位制停止、管理通貨制度へ移行）。	1 日本農民組合結成。 4 重要産業統制法公布。工業組合法公布。	
昭7（1932）	1 第1次上海事変。 2 井上準之助前蔵相暗殺（3月、団琢磨三井合名会社理事長暗殺、血盟団事件）。リットン調査団来日。 3 満州国、建国宣言。溥儀、執政。 5 5・15犬養首相を射殺（五・一五事件）。 5 斎藤実挙国一致内閣成立。 9 日満議定書を調印。	9 撫順炭鉱を襲撃（平頂山事件）。農山漁村経済更生運動始まる。満州への第1次武装移民出発。 12 大日本国防婦人会。	
昭8（1933）	2 日本軍・満州国軍、熱河省に進攻。 3 国際連盟脱退通告。 5 塘沽停戦協定（満州事変終結）。 8 第1回関東地方防空大演習。	4 滝川事件。この年、日本の綿布輸出量、イギリスを抜き世界1位。ソーシャル＝ダンピングと国際的非難。	

昭9（1934）	3 満州国帝政を実施、皇帝溥儀。 4 帝国人絹事件。 10 陸軍省、「国防の本義と其強化の提唱」（陸軍パンフレット）。	1 日本製鉄（株）設立。 11 満鉄、大連・新京間に特急「あじあ」号を運転。 12 丹那トンネル開通。	小六。大名行列の殿様役に抜擢される。健康優良児となる。
昭10（1935）	2 天皇機関説問題化。 4 美濃部達吉、不敬罪で起訴。美濃部の『憲法撮要』など3著書を発禁処分。 6 梅津・何応欽協定。土肥原・秦徳純協定。 8 政府、第1次国体明徴声明。永田鉄山陸軍省軍務局長、相沢三郎に斬殺される（相沢事件）。 11 冀東防共自治委員会成立。 12 冀察政務委員会、北平に設置（華北分離工作）。	5 第16回メーデー開催（戦前最後のメーデー）。	会津中学校に入学。すぐに級長に選ばれる。柔道部へ入部。
昭11（1936）	1 ロンドン軍縮会議脱退。 2・26 二・二六事件（2・29に反乱軍帰順）。 5 軍部大臣現役武官制復活。 8 国策の基準。 11 日独防共協定調印。 12 ワシントン海軍軍縮条約失効。	3 メーデーを禁止。	会津中学校2年。
昭12（1937）	1 「腹切り問答」。広田内閣総辞職。宇垣流産内閣。 7 盧溝橋事件。 8 第2次上海事変。 10 朝鮮で「皇国臣民の誓詞」を配布。企画院設置。	3 同志社大学で一部の教官、国体明徴問題で総長に上申書を提出。 5 文部省『国体の本義』刊。 7 同志社大学で新教育綱領をめぐり内紛。 10 国民精神総動員中央連盟結成。	会津中学校3年。端艇部に入り、猪苗代湖で青春を燃やす。

昭12（1937）	11 トラウトマン和平工作。 12 日本軍、南京を占領（南京事件）。	11 矢内原事件。 12 第1次人民戦線事件。日本産業（株）、満州重工業開発（株）に改組。	
昭13（1938）	1「国民政府を対手とせず。」声明（第1次近衛声明）。 4 国家総動員法成立。 7 張鼓峰事件。 11 東亜新秩序建設を声明（第2次近衛声明）。 12 汪兆銘、重慶を脱出。近衛3原則を声明（第3次近衛声明）。	2 第2次人民戦線事件（労農派の教授グループ検挙）。 4 農地調整法公布。電力管理法を公布。 6 学徒勤労動員開始。 10 河合栄治郎東京帝大教授の『ファシズム批判』『社会政策原理』などを発禁処分。 11『ドイツ戦没学生の手紙』出版。	会津中学校4年。年度途中で休学。この期間に宗教への関心を強める。同志社大学への入学希望を周囲に話す。
昭14（1939）	5 ノモンハン事件。 7 米、日米通商航海条約廃棄を通告。	4 米穀配給統制法公布。 7 零式艦上戦闘機（零戦）試験飛行。 9 初の「興亜奉公日」。 10 価格等統制令などを公布。 12 朝鮮総督府、創氏改名公布（翌年2月実施）。	安積中学校を希望するも、春、会津中学校に復学。再度4年生を経験する。
昭15（1940）	1 日米通商航海条約失効。 2 立憲民政党斎藤隆夫、衆議院で戦争政策を批判。 6 近衛文麿、新体制運動推進。 7 アメリカ、石油・屑鉄の輸出を許可制（航空用ガソリン輸出禁止）。 9 北部仏印進駐。日独伊三国同盟調印。 10 大政翼賛会発会。	7 奢侈品等製造販売制限規則（七・七禁令）を公布。 11 砂糖・マッチ切符制実施。大日本産業報国会結成。	同志社大学に入学。1年途中で辞める。満州医科大学へ進み、「贖罪としての奉仕」の仕事に一生を捧げる考えを友人らに示す。

年	政治・軍事	社会	本人
昭16（1941）	1「戦陣訓」を示達。 3 改正治安維持法を公布（予防拘禁制）。 4 日ソ中立条約締結。日米交渉（～12月）。 7「帝国国策要綱」。関東軍特種演習（関特演）。南部仏印進駐開始。 8 アメリカ、対日石油輸出の全面的禁止。 9「帝国国策遂行要領」。 10 ゾルゲ事件。 11 ハル＝ノートを提示。 12 日本軍、マレー半島上陸。ハワイ真珠湾攻撃。マレー沖海戦。	4 生活必需物資統制令公布（11・2 全国実施）。大都市で、米穀配給通帳制。 10 昭和17年3月卒業生の卒業・就業を3か月短縮し12月とする。卒業と同時に徴兵検査実施。	喜多方中学校5年に編入学。上位の成績で卒業。セツルメント活動への関心を示す。
昭17（1942）	2 翼賛政治体制協議会結成。 4 日本本土初空襲。翼賛選挙。 6 ミッドウェー海戦。 12 大本営、ガダルカナル島撤退を決定（翌年2月開始）。	2 味噌・醤油切符制、衣料点数切符制実施。大日本婦人会発会式。食糧管理法を公布。 この年、「欲しがりません勝つまでは」の標語流行。	明治学院厚生科に入学。満州での教会堂を中心とした共同農場経営・共同生活を夢見る。
昭18（1943）	3 朝鮮に徴兵制施行。 4 連合艦隊司令長官山本五十六戦死。 5 アッツ島の日本軍守備隊全滅。 6 学徒戦時動員体制確立要綱（勤務動員）。 10 学生・生徒の徴兵猶予停止。 11 大東亜会議開催（大東亜共同宣言を発表）。	7 陸軍特別操縦見習士官募集。 10 学徒出陣壮行大会挙行（神宮外苑競技場）。 12 徴兵適齢を1年繰り下げる（19歳）。 12 12月1日、徴兵猶予撤廃による第1回学徒出陣始まる（陸軍）。（海軍は10日）	明治学院2年。夏、会津中学校の友人と志賀高原を旅行する。秋、学徒出陣。適性検査を受ける。甲種合格。この日から『日記』をつけ始める。12月1日陸軍に入隊。相模原飛行場で訓練を受ける。
昭19（1944）	1 大本営、インパール作戦を始める。 6 マリアナ沖海戦。	6 学童疎開決定。 8 学徒勤労令を公布、女子挺身勤	2月、熊谷飛行学校館林教育隊に入隊し、約6ヶ月間、飛

年	事項	事項	事項
昭19（1944）	7 大本営、インパール作戦中止を命令。サイパン島の日本軍守備隊全滅。 8 大本営政府連絡会議、最高戦争指導会議と改称。 10 レイテ沖海戦。海軍神風特別攻撃隊、初めての攻撃。フィリピンでの戦闘から特攻隊が登場する。	労令を公布。	行操縦訓練を受ける。この間、『日記』と共に『修養録』等をつける。 7月20日卒業。満州へ渡り第101教育飛行隊第23教育飛行隊で訓練、越年。
昭20（1945）	2 近衛上奏文。アメリカ軍、硫黄島に上陸。 3・9 東京大空襲（〜3・10）。 4・1 アメリカ軍、沖縄本島上陸（6・23守備隊全滅）。 8・6 広島に原子爆弾投下。 8・8 ソ連参戦。 8・9 長崎に原子爆弾投下。 8・14 ポツダム宣言受諾を決定。 8・15 戦争終結の詔書を放送(玉音放送)。 9 ミズーリ号上で降伏文書に調印。GHQ、戦争犯罪人39人の逮捕を命じる。	11 財閥解体。 12 労働組合法を公布。農地調整法を改正・公布（第一次農地改革）	2月10日、特攻隊「武揚隊」が編成され配属。第8航空師団司令部（本部：台湾）付きとなる。その途中、機体改造のため、約40日間を松本浅間温泉で過ごす。この間に疎開児童と交流。 3月、最後の帰郷。 4月、母国を離れる。 4月12日、与那国島北方上空で敵機と遭遇、戦死する。
昭21（1946）			
昭22（1947）			
昭23（1948）			猪苗代湖畔に「長谷川信碑」が建立される。

昭24（1949）		『きけわだつみのこえ』に信の遺稿が掲載される。
平14（2002）		西蓮寺に「兵戈無用」の碑が建立される。

引用・参考文献

『夜と霧』　ヴィクトール・E・フランクル　池田香代子訳　2013　みすず書房
『はるかなる山河に』　東大戦没学生手記編纂委員会　1947　東大協同組合出版部
『きけ　わだつみのこえ』　日本戦没学生手記編集記念会　1949　東大協同組合出版部
『第一集　きけ　わだつみのこえ』　日本戦没学生記念会　カッパブックス　1959　光文社
『戦没学生の遺書にみる15年戦争』　日本戦没学生記念会　カッパブックス　1963　光文社
『きけ　わだつみのこえ―日本戦没学生の手記―（旧版）』　日本戦没学生記念会　1982　岩波文庫
『第二集　きけ　わだつみのこえ』　日本戦没学生記念会　1988　岩波文庫
『新版　きけ　わだつみのこえ』　日本戦没学生記念会　1995　岩波文庫
『福島県立喜多方高等学校六十年史』　福島県立喜多方高等学校　1978　福島県立喜多方高等学校
『福島県立喜多方高等学校七十年史』　福島県立喜多方高等学校　1988　福島県立喜多方高等学校
『福島県立喜多方高等学校八十年史』　福島県立喜多方高等学校　1999　福島県立喜多方高等学校
『創立九十周年記念誌　桜壇九十年』　福島県立喜多方高等学校　2008　福島県立喜多方高等学校
『櫻壇の風　福島県立喜多方高等学校創立百周年記念誌』　福島県立喜多方高等学校　2019　福島県立喜多方高等学校
「小石ケ浜の丘の上に」　小椋　武　『桜壇』第68号　2001　福島県立喜多方高等学校生徒会
『祖国よ！特攻に散った穴沢少尉の恋』　福島泰樹　2009　幻戯書房
『知覧からの手紙』　水口文乃　2010　新潮文庫
『井深梶之助とその時代』第1～3巻　井深梶之助とその時代刊行委員会編　1969・70・71　明治学院

『明治学院百年史』 明治学院 1978 明治学院
『明治学院歴史資料館資料集』第5集―戦前・戦中・戦後の明治学院― 明治学院歴史資料館 2008 明治学院歴史資料館
『戦後65周年の明治学院の取り組み』 明治学院大学国際平和研究所 2013 明治学院大学国際平和研究所
『井深梶之助伝 明治学院を興した会津の少年武士』 星亮一 2013 平凡社
『心に刻む 敗戦50年・明治学院の自己検証』 明治学院 1995 明治学院
『未来への記憶 こくはく 敗戦五〇年・明治学院の自己検証』 明治学院敗戦五〇周年事業委員会 1995 ヨルダン社
『復刻版 乳と蜜の流る丶郷』 賀川豊彦 2009 家の光協会
『全集 日本の歴史15 戦争と戦後を生きる』 大門正克 2019 小学館
「乳と蜜の流る丶郷の追跡」 鈴木圭長 『峠のみち』第七号 北塩原村郷土史研究会
「長谷川信の石碑を訪ねて」 谷栄 『わだつみのこえ』111号 1999 わだつみのこえ記念館
『「学徒出陣」70年記念 不戦へとつなぐ戦没学生遺稿遺品展』 わだつみのこえ記念館 2013 わだつみのこえ記念館
『2014年企画展 戦没学生の遺稿にみる「特攻」 史料集』 わだつみのこえ記念館 2014 わだつみのこえ記念館
『開館十周年記念 所蔵資料特別企画展』 わだつみのこえ記念館 2016 わだつみのこえ記念館
「ノートに秘めた乙女への慕情」 『週刊現代』 昭和34年12月13日号 1959 講談社
『戦争のなかの青年』 大島孝一編 岩波ジュニア新書103 1985 岩波書店
『いま特攻隊の死を考える』 白井厚 編 岩波ブックレット572号 2002 岩波書店

「『きけわだつみのこえ』と長谷川信」　栗城好次　『歴史春秋』第78号　2013　会津史学会
「端艇部」『学而会雑誌』第43・44・45号　1937・38・39　福島県立会津中学校
「戸ノ口とモンタ婆さん」『会高通史　その心の形成と遍歴』　1965　福島県立会津高等学校
「いとしき青春の日々を刻む」『学而新聞』第178号　1990　福島県立会津高等学校
『会津高等学校百年史』　会津高等学校百年史編纂委員会　1991　福島県立会津高等学校
『一艇一心』　福島県立会津高等学校端艇部創部百周年記念事業実行委員会　2001　福島県立会津高等学校
『新城富二郎のヨーソロ懐帰録　蒼い空　エンディングノート』　新城猪乃吉（六代目）　2005　私家版
『猪苗代湖利水史』　1962　福島県土木部砂防電力課
『矢部喜好伝』　田村貞一　1937　湖光社
「研究ノート　会津平和主義者の先駆者　矢部喜好」　内海健寿　『会津短期大学学報　第44号』　1987
会津短期大学
「矢部喜好」　小島一男　『会津の群像』　1991　歴史春秋社
『矢部喜好平和文集～最初の良心的兵役拒否』　鈴木範久　1996　教文館
『なんじ、殺すなかれ　兵役を拒否したキリスト者　矢部喜好』　福屋嘉平　2008　驢馬出版
「湯浅八郎と二十世紀（二）　昆虫学から「同志社事件」渦中へ」　武田清子　『社会科学ジャーナル』50　2003
国際基督教大学
『戦史叢書　沖縄・台湾・硫黄島方面　陸軍航空作戦』　防衛庁防衛研修所戦史室　1970　朝雲新聞社
『熊谷陸軍飛行学校・館林分教所史　懐古』　大津辰次　1988

『学鷲の記録　積乱雲』　小室治郎　１９８２　特操二期生会
『館林の空　第30戦斗飛行集団館林集成教育隊』　堀山久生　２００２
『学徒出陣の記録　あるグループの戦争体験』　東大十八史会編　１９６８　中公新書
『新版　あゝ祖国よ恋人よきけわだつみのこえ』　上原良司　中島博昭編　２００５　信濃毎日新聞
「「特攻隊員・上原良司」の誕生」　都倉武之　『慶応義塾大学メディア・コミュニケーション研究紀要』№69
　２０１９　慶応義塾大学
『陸軍特別攻撃隊』上・下巻　高木俊朗　１９７４・７５　文藝春秋
『特攻基地　知覧』　高木俊朗　１９７３　角川文庫
『鉛筆部隊と特攻隊』　きむらけん　２０１２　彩流社
『特攻隊と〈松本〉褶曲山脈─鉛筆部隊の軌跡』　きむらけん　２０１３　彩流社
「疎開児童が見た特攻隊」　きむらけん　『ラジオ深夜便』２０１３年７月号　２０１３　ＮＨＫサービスセンター
『忘れられた特攻隊　信州松本から宮崎新田原出撃を追って』　きむらけん　２０１４　彩流社
「戦後70周年記念戦争記録集」『北沢川文化遺産保存の会　紀要　第４号』　きむらけん　２０１５
　北沢川文化遺産保存の会
『信州特攻隊物語完結編　と号第三十一飛行隊「武揚隊」の軌跡』　きむらけん　２０１７　えにし書房
『鉛筆部隊と特攻隊　改訂新版』　きむらけん　２０１９　えにし書房
『戦争と平和展　特攻隊が飛び立つとき─松本から知覧へ─』　松本市立博物館　２０１３　松本市立博物館
『一戦没学徒の戦線日記　夜の春雷』　田辺利宏　１９６８　未来社

『兄の影を追って　託された「わだつみのこえ」』（岩波ブックレット）中村克郎・稲葉千寿　1995　岩波書店
「『きけわだつみのこえ』を解釈する」中尾訓生　『山口経済学雑誌』47　1999　山口大学経済学会
『「きけわだつみのこえ」の戦後史』保阪正康　1999　文藝春秋
『特攻と日本人』保阪正康　2007　講談社現代新書
『ねじ曲げられた桜　美意識と軍国主義』大貫恵美子　2003　岩波書店
『若き特攻隊員と太平洋戦争―その手記と群像』森岡清美　1995　吉川弘文館
『天皇と東大　大日本帝国の生と死』（下）立花隆　2005　文藝春秋
『〈わだつみのこえ〉を聴く　日本戦没学生の思想』岡田裕之　2009　法政大学出版局
「新版・『きけわだつみのこえ（第一集）』改定案とその典拠」岡田裕之　『大原社会問題研究所雑誌』№638
2011　法政大学大原社会問題研究所
『戦場の宗教、軍人の信仰』石川明人　2013　八千代出版
『真実の「わだつみ」学徒兵　木村久夫の二通の遺書』加古陽治　2014　東京新聞
『戦場体験者　沈黙の記録』保阪正康　2018　ちくま文庫
『梁川文集』綱島梁川　1905　日高有倫堂
『梁川全集』綱島梁川　1923　春秋社
「ポール・ブールジェ『死』と二つの世界大戦」田中琢三　『比較日本学教育研究センター研究年報』第7号　2011
お茶の水女子大学比較日本学教育研究センター
『死』ポール・ブールジェ　1940　東京堂

「愛のわざ」　武藤一雄・芦津丈夫訳　『キルケゴール著作集』第15巻　1964　白水社
『明治文学全集46　新島襄　植村正久　清澤滿之　綱島梁川集』　1977　筑摩書房
『日本巡察記』　松田毅一他訳　『東洋文庫』239　1988　平凡社
「綱島梁川のキリスト教受容」（その二）　関岡一成　『神戸外国語大学論叢』第51巻5号　2000　神戸外国語大学
『岩波キリスト教辞典』　2002　岩波書店
『この心　この身　このくらし　西田天香』　宮田昌明　2008　ミネルヴァ書房
『宗教の世界史　キリスト教の歴史2』　高柳俊一他編　2009　山川出版社
『キリスト教入門』　山我哲雄　2014　岩波書店
『聖書　新共同訳』　2015　日本聖書教会
『清沢満之』（人物叢書）　吉田久一　1961　吉川弘文館
『真宗聖典』　真宗聖典編纂委員会　1991　東本願寺出版部
「西蓮寺『平和の碑』建立に思う」　秋月亨観　『わだつみのこえ』116号　2002　わだつみのこえ記念館
『浄土真宗の戦争責任』（岩波ブックレットNo.303）　菱木政晴　1993　岩波書店
『出家とその弟子』（岩波文庫）　倉田百三　1997　岩波書店
『近代日本思想案内』　鹿野政直　岩波文庫別冊14　1999　岩波書店
『真宗小辞典』　瓜生津隆真ほか　2004　法蔵館
『親鸞と浄土真宗』　山崎龍明　2008　実業之日本社
『教行信証を読む』　合群信哉　2010　角川学芸出版

『ＮＨＫ１００分de名著　歎異抄』　釈徹宗　２０１６　ＮＨＫ出版
『親鸞の思想構造　比較宗教の立場から』　釈徹宗　２００２　法藏館
『入門近代仏教思想』　碧海寿広　ちくま文庫　２０１６　筑摩書房
『聖書と歎異抄』　五木寛之・本田哲郎　２０１７　東京書籍
『新版　荒れ野の40年』（岩波ブックレット）　リヒャルト・フォン・ワイツゼッカー　２０１５　岩波書店
『生きている兵隊（伏字復元版）』　石川達三　２０１２　中公文庫
『戦争と検閲　石川達三を読み直す』　河原理子　２０１５　岩波新書
『世界の翼　航空70年史　２』　朝日新聞社　１９７０

参考としたＨＰ・映画

わだつみのこえ記念館ＨＰ
ＷＥＢ東京荏原都市物語資料館
会津の「わだつみ」にかかわる資料について　風の人：シンの独り言
日本の為に戦ってくれた英霊を忘れない　台湾日本軍航空基地
映画『きけ、わだつみの声』　出目昌伸監督　織田裕二ほか出演　東映株式会社　１９９５

協力者

個人

長谷川　聡
長谷川　孝
久世　了（故）
小暮　修也
渡辺　總子
山辺　昌彦
秋月　慧
きむら　けん
山中　良平
山中みゆき
山中　雄志
遠藤由美子
杉原　陸夫
堀　幸一郎
秋山　辰榮
新城猪之吉
小林　正典
新田　恭平
満田　博禧
小椋　武
秦　真一
風間　常義
小林　由紀
佐藤　信子
古川　晃
五十嵐幸司
関川麻起子

機関

わだつみのこえ記念館
福島県立会津高等学校
会津高等学校端艇部後援会
福島県立喜多方高等学校
喜多方高等学校創立百周年記念事業実行委員会
明治学院
明治学院歴史資料館
会津若松市立会津図書館
福島県立図書館
国立国会図書館
館林市立図書館
館林市史編さんセンター
朝日新聞社
講談社
学校法人関東学園

【著者略歴】

長 島 雄 一（ながしま・ゆういち）

昭和33年、福島県北塩原村生まれ。喜多方高等学校から東洋大学文学部史学科卒。

福島県文化振興事業団等で発掘調査等に従事後、平成元年、福島県教員となる。県内の高等学校・特別支援学校に勤務する一方、福島県立博物館、福島県教育庁文化財課で文化財の調査・研究・保護行政にあたる。

平成30年、川口高等学校校長を最後に退職。

著作には『学ぶ心を育てる博物館』『会津若松市史　歴史編１』『福島県の歴史散歩』(いずれも共著)。論文に「福島県における史跡整備の現状と課題」『福島県立博物館研究紀要第16号』「考古資料をもっと身近なものに—博物館学芸員による出前授業の試み」『考古学研究』第45巻３号など。

第１回日本ミュージアムマネージメント学会賞受賞(2000年)。日本考古学協会会員。

祈りの碑(いしぶみ)

『きけわだつみのこえ』
～会津の学徒兵　長谷川信の生涯～

2020年10月８日　第１刷発行

著　者　長 島 雄 一
発行者　阿 部 隆 一
発行所　歴史春秋出版株式会社
〒965－0842
福島県会津若松市門田町中野大道東8－1
電話 0242（26）6567
印刷所　北日本印刷株式会社